„NOCH VIELE JAHRE LANG
HABE ICH NACHTS
VON DUISBURG GETRÄUMT"

Kultur- und Stadthistorisches Museum Duisburg

DUISBURG
am Rhein

„NOCH VIELE JAHRE LANG HABE ICH NACHTS VON DUISBURG GETRÄUMT“

Jüdisches Leben in Duisburg von 1918 bis 1945

Mercator

Herausgeber
Stadt Duisburg
Der Oberbürgermeister
Dezernat für Familie, Bildung und Kultur
Zentrum für Erinnerungskultur, Menschenrechte und Demokratie
c/o Kultur- und Stadthistorisches Museum
Telefon: +49 203 / 283-26 40
E-Mail: zfe@stadt-duisburg.de
www.duisburg.de/erinnerungskultur

Projektleitung
Dr. Susanne Sommer, Dr. Andreas Pilger

Konzeption
Anne Ley-Schalles M.A.

Redaktion
Anne Ley-Schalles M.A.
Dr. Michael Kanther

Umschlag
Belau WERBUNG UND VISUELLE KOMMUNIKATION

Autoren
Anne Ley-Schalles (AL)
Dr. Andreas Pilger (AP)
Dr. Michael Kanther (MK)
Robin Heun (RH)

Layout
Sabine Ernat, Dorsten

Druck
Druckhaus Cramer, Greven

Lektorat
Susanne Nagels
Susanne Schulten

Bibliografische Informationen der Deutschen Bibliothek:
Die Deutsche Bibliothek verzeichnet diese Publikation in der Deutschen Nationalbibliografie; detaillierte bibliografische Daten sind im Internet über http//dnb.dnb.de abrufbar.

ISBN 978-3-87463-551-6

Mercator-Verlag, Duisburg
www.mercator-verlag.de

DANKSAGUNG

Engagement und gute Arbeitsorganisation allein hätten nicht genügt, um die Ausstellung und den Begleitband in der Kürze der Zeit zu verwirklichen: Eingebettet in die Strukturen des Kultur- und Stadthistorischen Museums und des Stadtarchivs Duisburg, haben wir jegliche Unterstützung erfahren und wussten uns inhaltlich und organisatorisch von den Kolleginnen und Kollegen stets begleitet. Unschätzbar sind die Verbindungen zur Gesellschaft für Christlich-Jüdische Zusammenarbeit und zu den Begleitpersonen der Besuchsprogramme ehemaliger Duisburger, zur Jüdischen Gemeinde Duisburg-Mülheim-Oberhausen, zu den Forschern vor Ort und den Duisburger Initiativen, der Vereinigung der Verfolgten des Naziregimes (VVN) wie auch zur Mahn- und Gedenkstätte Düsseldorf und dem Salomon Ludwig Steinheim-Institut in Essen. Eindrücklich sind die Kontakte zu Nachfahren ehemaliger Duisburger Familien, die unserem Engagement im Zentrum für Erinnerungskultur großes Interesse entgegenbringen. Ihnen allen gilt unser herzlicher Dank! *(AL)*

Grußwort

Mit dem „Zentrum für Erinnerungskultur, Menschenrechte und Demokratie" hat die Stadt Duisburg der Aufarbeitung der Stadtgeschichte in der NS-Zeit einen institutionellen Rahmen gegeben. Seit Frühjahr 2014 ist ein sechsköpfiges Team unter der Projektleitung des Kultur- und Stadthistorischen Museums sowie des Stadtarchivs damit beschäftigt, diesen Rahmen inhaltlich und methodisch auszugestalten.

Erste Ergebnisse seiner Arbeit präsentiert das Zentrum mit der Ausstellung „‚Noch viele Jahre lang habe ich nachts von Duisburg geträumt.' – Jüdisches Leben in Duisburg 1918 bis 1945". Neben thematischen Aspekten werden dabei auch die Zielrichtung und der Ansatz des Zentrums exemplarisch umgesetzt und zur Diskussion gestellt.

In der Schule wie in den Medien nimmt die Darstellung des Nationalsozialismus einen breiten Raum ein. Es herrscht demnach kein grundsätzlicher Mangel an Thematisierungen der NS-Zeit, wohl aber fehlt es in vielen Fällen an persönlichen Bezügen. Oft bleiben Darstellungen abstrakt oder die dargestellten Orte und Ereignisse liegen fern der eigenen Lebenswelt. Das „Zentrum für Erinnerungskultur, Menschenrechte und Demokratie" kann an dieser Stelle insbesondere die schulische Vermittlungsarbeit ergänzen, indem es deutlich macht, dass der Nationalsozialismus eine Realität vor Ort besaß. Vor allem die persönlichen Erfahrungen, die in ausgewählten Biografien zugänglich werden, geben Gelegenheit, die NS-Geschichte mit spezifischen Wahrnehmungen in und aus Duisburg in Beziehung zu setzen. In diesem Sinne kombiniert auch die erste Ausstellung „Jüdisches Leben" thematische Längs- mit biografischen Querschnitten.

Die Beschäftigung mit Menschen, mit Stadtteilen, Straßen und Plätzen in der Stadt schafft lebensweltliche Anknüpfungspunkte. Sie eröffnet die Chance für pädagogische Lerneffekte, die mit dazu beitragen können, die Werteordnung der Demokratie zu stützen und zu stärken.

Das „Zentrum für Erinnerungskultur, Menschenrechte und Demokratie" basiert in seinen Aktivitäten auf vielen Vorarbeiten. Mit dem Ziel, eine enge Vernetzung in der Stadt zu schaffen, wurde im Oktober 2014 erstmals der „Runde Tisch" von zeitgeschichtlich engagierten Initiativen in Duisburg einberufen. Er begleitet das Zentrum bei seiner Arbeit und garantiert, dass bestehende Quellenbestände und Forschungen berücksichtigt und inhaltliche wie konzeptionelle Impulse aufgenommen werden können. Von dieser Vernetzung profitiert auch die Ausstellung über das jüdische Leben, in die Anregungen und Quellenmaterial u. a. von der Gesellschaft für Christlich-Jüdische Zusammenarbeit, der jüdischen Gemeinde und der Vereinigung der Verfolgten des Naziregimes (VVN) eingegangen sind.

Wir sind davon überzeugt, dass mit dem „Zentrum für Erinnerungskultur, Menschenrechte und Demokratie" in unserer Stadt auf Dauer ein offenes und attraktives Forum zur fortwährenden und immer wieder neuen Auseinandersetzung mit dem Nationalsozialismus entsteht. Die Ausstellung „Jüdisches Leben" ist der erste größere Auftakt. Im Rahmen des umfangreichen Begleitprogramms zur Ausstellung können Bürgerinnen und Bürger mit dem Projektteam in Austausch treten. Wir würden uns freuen, wenn dieses Angebot intensiv genutzt wird. Ideen und Unterstützung aus der Bürgerschaft sowie nicht zuletzt Hinweise auf bislang vielleicht verborgenes Quellenmaterial tragen wesentlich mit dazu bei, dass sich das Zentrum als Kristallisationspunkt für die städtische Erinnerungskultur zur NS-Geschichte etablieren kann.

Sören Link
Oberbürgermeister
der Stadt Duisburg

Thomas Krützberg
Dezernent für Familie,
Bildung und Kultur

Verantwortung in der Gegenwart, Handeln für die Zukunft

Das jüdische Leben hat seit Mai 1999 wieder einen festen Platz in Duisburg. Und einen prägnanten Ort mitten im Leben der Stadt: das Jüdische Gemeindezentrum Duisburg am Innenhafen. Mit seiner architektonischen Form als aufgeschlagenes Buch, mit der gleichzeitigen Symbolik der ausgestreckten Hand. Keine Mauern und Zäune umgeben das Zentrum, ein Wunsch der damaligen Gemeindeführung, um ein sichtbares Zeichen der Offenheit und des Miteinanders zu setzen. Ein Wunsch, der in Erfüllung gegangen ist. Bis heute ist das Gebäude mit dem umliegenden „Garten der Erinnerung" ein Ort der friedlichen Begegnungen. Die Jüdische Gemeinde ist integrierter und integraler Bestandteil unserer Stadt. Darauf sind wir stolz und das macht uns glücklich. Nicht von ungefähr trug die Festschrift anlässlich des zehnjährigen Bestehens des Gemeindezentrums im Jahr 2009 den Titel „Angekommen – und daheim".
Doch das friedliche Zusammenleben ist auch in Duisburg kein Selbstläufer. Es erfordert Akzeptanz, Toleranz und zuweilen auch Zivilcourage, einen respektvollen, offenen und gleichsam kritischen Dialog miteinander. Oft fällt es leichter, gegen etwas zu sein, als sich für etwas zu positionieren. Aber genau dieser positiven Herangehensweise bedarf es insbesondere in schwierigen Zeiten. Anstatt nach dem Motto „Wir haben ein Problem!" sollten wir nach der Prämisse „Wie können wir das lösen?" denken und handeln. Selbst aktiv werden und nicht primär passiv sein. Und hinschauen anstatt wegzusehen. Wir benötigen stärker denn je ein offenes Zugehen aufeinander vonseiten der Religionen und Kulturen. Wie auch Gemeinsinn, bürgerschaftliche Wachsamkeit und bürgerschaftlichen Einsatz – zum Wohle der Stadtgesellschaft.
Wir haben, abgeleitet aus unserer gemeinsamen Vergangenheit, eine kollektive Verantwortung für unsere Gegenwart, die unsere Zukunft bestimmen wird. Nicht mehr die Kategorie Schuld sollte unser Handeln bestimmen, sondern

der Wunsch und das Ziel, die richtigen Lehren daraus für unser heutiges Miteinander zu ziehen. Erst wenn sich diese Erkenntnis durchsetzt, wird auch jüdisches Leben wieder unbeschwert möglich sein. Ohne eine offene Aufarbeitung der Vergangenheit, die schmerzlich sein kann und in Teilen eine Revidierung der bisherigen historischen Erkenntnisse bedeuten könnte, wird es kein „echtes" offenes Miteinander geben können. Das Wort Tabu verbietet sich dabei. Daher war es notwendig, dass die Stadt Duisburg das Zentrum für Erinnerungskultur (ZfE) auf den Weg gebracht hat, mit einem deutlichen Bildungsauftrag: aus der Geschichte lernen! Wir begrüßen dies ausdrücklich.
Das ZfE wird versuchen, das Thema Nationalsozialismus in Duisburg als neues sicht- und erlebbares Forum aufzugreifen und die bisherigen Aktivitäten dieser Art zu bündeln beziehungsweise zu ergänzen. Dass sich die erste Ausstellung dem Thema „Jüdisches Leben in Duisburg" widmet, mit dem Schwerpunkt der NS-Zeit, ohne jedoch damit zu enden, ist ein deutlicher Hinweis auf das Selbstverständnis des ZfE. Jüdisches Leben in Deutschland hat eben nicht – glücklicherweise nicht – 1945 aufgehört zu existieren. Auch in Duisburg nicht. Genau aus diesem Grund ist es unerlässlich, die Brücke ins Heute zu schlagen und in den Fokus der Betrachtung zu rücken, dass jüdisches Leben heute und hier vielfältig, vital und bereichernd für die Stadtgesellschaft ist. Die Einbindung der Jüdischen Gemeinde in die Arbeit des ZfE ist der beste Beweis für die Bedeutung der Aufarbeitung und kritischen Analyse, des Erinnerns und Mahnens – aus dem gemeinsam unsere Handlungsperspektiven für heute und morgen entwickelt werden können. Und auch müssen.

Michael Rubinstein
Geschäftsführer
Jüdische Gemeinde Duisburg-Mülheim/Ruhr-Oberhausen

„NOCH VIELE JAHRE LANG HABE ICH NACHTS VON DUISBURG GETRÄUMT"

Jüdisches Leben in Duisburg von 1918 bis 1945

Über Jahrhunderte hinweg waren Juden Teil der Duisburger Stadtgesellschaft. Das Zusammenleben verlief nicht zu allen Zeiten konfliktfrei, aber die Formierung der Arbeiterklasse auf der einen und die Ausbildung der bürgerlichen Gesellschaft auf der anderen Seite hatten die Integration der Juden im 19. Jahrhundert grundsätzlich verbessert. Juden lebten ihre Religion in der liberalen Gemeinde oder in streng orthodoxem Rahmen, manche waren zum christlichen Glauben konvertiert.

Mit Beginn der nationalsozialistischen Machtausübung setzten auch in Duisburg sofort Ausschreitungen gegen Menschen ein, die bis dahin Nachbarn, Kollegen und Kolleginnen, Geschäftspartner, Ärzte, Anwälte, Mitschüler und Mitschülerinnen oder Arbeitgeber waren. Sie wurden nach rein rassistischen „Kriterien" zu Juden erklärt. Drangsalierungen, Übergriffe, unzählige Verordnungen und Einschränkungen in allen Lebensbereichen grenzten sie aus der „Volksgemeinschaft" aus, ihr Eigentum wurde „arisiert", ihre Gotteshäuser zerstört und ihr Leben massiv bedroht. Sie wurden systematisch verfolgt und schließlich ermordet. Nur wenige überlebten die Konzentrationslager – und wo sich vereinzelte Wege der Rettung zeigten, erscheinen sie uns heute wie Lichtblicke in der Dunkelheit.

Im Mittelpunkt der Betrachtung liegen Alt-Duisburg mit seinem Zentrum und Ruhrort sowie Hamborn. Anhand thematischer Querschnitte skizziert die Ausstellung jüdisches Leben in der Weimarer Republik und in der NS-Zeit.

Mit den Zeichen einer „Vergangenheitsbewältigung“, den Erinnerungsorten und den Formen des Gedenkens nach 1945 endet die Präsentation. Die Erinnerungskultur der Nachkriegszeit liefert Anhaltspunkte für das inzwischen jahrzehntelange Bemühen, mit dem schweren Erbe umzugehen und zukunftsweisende Akzente zu setzen. Hierfür steht nicht zuletzt das 1999 eingeweihte Jüdische Gemeindezentrum Duisburg-Mülheim-Oberhausen.

Die älteren Forschungen zur Geschichte der Duisburger Juden bilden die Grundlage unserer Arbeit. 1986 publizierte der ehemalige Direktor des Stadtarchivs, Günter von Roden, in Zusammenarbeit mit der Archivarin Rita Vogedes die umfangreiche Geschichte der Duisburger Juden. Zur Geschichte der Ostjuden konnten wir auf die Studien von Ludger J. Heid zurückgreifen. Materialsammlungen vor Ort und aus Datenbanken wurden gesichtet und ausgewertet; Fotos, Briefe, Berichte erhielten wir zudem von ehemaligen Duisburgern oder ihren Nachfahren.

Die Forschung zu unserem Ausstellungsthema ist bei Weitem nicht abgeschlossen – wir hoffen, im Zentrum für Erinnerungskultur neue Arbeiten anregen und Impulse setzen zu können. So wie wir uns wiederum von der interessierten Duisburger Öffentlichkeit weitere Anregungen und Hinweise erhoffen. *(AL)*

Abb. 1 Siedlung Ratingsee, Duisburg-Meiderich, 1926/27

Die Industriestadt Duisburg

Duisburg war in den 1920er und 1930er Jahren eine Arbeiterstadt. Dies galt vor allem seit der Eingemeindung Hamborns. Dort befanden sich große Zechen wie die Gewerkschaft Friedrich Thyssen, die 1928, vor der Weltwirtschaftskrise, alleine 25.000 Bergleute beschäftigte. Fast 17% der Hamborner Bevölkerung arbeiteten Ende der 1920er Jahre in der Montanindustrie; etwa 5% waren es in Alt-Duisburg. Arbeiterstadtteile waren z. B. Hochfeld, Wanheimerort, Meiderich, Laar, Beeck, Bruckhausen und Neumühl.

Die soziale Situation der Arbeiterschaft war lange Zeit prekär. Für Verbesserungen sorgte eine verstärkte Bautätigkeit seit dem Ersten Weltkrieg. Es entstanden moderne Wohnsiedlungen in Wanheimerort (Dickelsbach-Siedlung, 1926), Neuenkamp (Diergardt-Siedlung, 1927) und Meiderich (Ratingsee-Siedlung, 1927/28).

Abb. 2 Arbeiterviertel in Hamborn, Schillerstraße, um 1925

Abb. 3 Schwanentorbrücke über den Innenhafen Duisburg, 1936

Abb. 4 Heutiger König-Heinrich-Platz mit Stadttheater, 1927

Abb. 5 Die Königstraße – Duisburgs Prachtstraße, 1926

Selbstständige Handwerker und Kaufleute bildeten den alten Mittelstand – in Duisburg mit etwa 23 % der erwerbstätigen Bevölkerung, in Hamborn mit etwa 18 %. Knapp ein Viertel der Erwerbstätigen in Duisburg-Mitte gehörte dem neuen Mittelstand an: in erster Linie die Angestellten in den Industriebetrieben. Duisburg verfügte nur über eine sehr kleine bürgerliche Oberschicht, zu der vor allem Fabrikan-

Abb. 6 „Die Kniende" von Wilhelm Lehmbruck, vor der Duisburger Tonhalle

ten, Großkaufleute, leitende Angestellte sowie Verwaltungsbeamte, Ärzte und Rechtsanwälte gehörten. Das städtische Bürgertum wohnte vor allem in Duisburg-Mitte. Bevorzugte Wohnlagen befanden sich in der südlichen Stadtmitte zum Grunewald hin und am Kaiserberg. Im Stadtkern befand sich auch das Geschäftsviertel, das sich seit Beginn des 20. Jahrhunderts auf Kosten der Wohnflächen zur City entwickelt hatte. Die Hauptgeschäftsstraßen mit den modernen Warenhäusern waren der Sonnenwall, die Kuhstraße, die Beekstraße und die Münzstraße.

Duisburg – eine Stadt der Zuwanderung

Die rasch voranschreitende Industrialisierung sorgte seit dem späten 19. Jahrhundert für eine große Zuwanderung nach Duisburg. Zwischen 1890 und 1930 stieg die Bevölkerungszahl von knapp 60.000 auf gut 441.000 an; dabei sind allerdings auch die Eingemeindungen mitberücksichtigt. Viele Zuwanderer stammten aus der näheren Umgebung der Stadt, vor allem aus den ländlichen Regionen des Rheinlands und Westfalens.
Die Duisburger Industrie zog Arbeitskräfte auch aus dem Ausland an. 1929 lebten etwa 21.000 Ausländer in Duis-

Abb. 7 Industriekulisse: Niederrheinische Hütte in Duisburg-Hochfeld, um 1930

burg. Die größte Gruppe stellten die Niederländer, die traditionell als Reeder und Kaufleute eng mit der Stadt verbunden waren. Viele Zuwanderer kamen auch aus Mittelosteuropa, vor allem aus der Tschechoslowakei und aus Polen, unter ihnen auch Juden. Etwa 700 osteuropäische Juden arbeiteten in den 1920er Jahren vor allem in den Duisburger Industriebetrieben. Andere „Ostjuden" führten Einzelhandelsgeschäfte, vor allem in der Konfektionsbranche. Die Integration dieser Zuwanderer, die sich vielfach bis in die äußere

Abb. 8 Konfektionshaus Erich Brandt, Weseler Straße/Wilhelmstraße, um 1930

Abb. 9 Konfektionshaus Cohen & Epstein, im Hintergrund der Lehnkering-Speicher, 1930

Erscheinung stark den religiösen und kulturellen Traditionen des Judentums verpflichtet fühlten, verlief nicht immer reibungslos. Antisemitische Vorurteile unterstellten den osteuropäischen Juden, dass sie der deutschen Bevölkerung die Arbeitsplätze und Wohnungen streitig machen würden; diese antisemitische Propaganda verstärkte sich noch im Zuge der Weltwirtschaftskrise. Auch die deutschen Juden, die oft schon über Generationen in der Stadt lebten, bekamen den wachsenden Antisemitismus zu spüren. So empfanden jetzt einige nichtjüdische Geschäftsbesitzer die Konkurrenz der großen jüdischen Warenhäuser als existenzbedrohend. Nach den Reichstagswahlen von 1930, die der NSDAP beträchtliche Stimmenzuwächse brachten, schlugen antisemitische Ressentiments wiederholt in offene antijüdische Aktionen um. *(AP, MK)*

Jüdisches Leben in Duisburg von 1918 bis 1933

In den Einkaufsstraßen Duisburgs reihten sich große Kaufhäuser und kleinere Läden – unter ihnen viele, die von Juden gegründet worden waren und im Familienbetrieb oder unter jüdischer Geschäftsführung betrieben wurden. Jüdi-

Abb. 10 ***Die*** **Einkaufsstraße Duisburgs mit jüdischen Geschäften (farbig unterlegt), vor 1915**

sche Anwaltskanzleien, Arztpraxen, Schneidereien waren selbstverständlicher Bestandteil der Stadtgesellschaft. Ein breites Spektrum an jüdischen Kultur- und Sozialeinrichtungen, Sportvereinen und politisch-religiösen Organisationen wurde den Ansprüchen und Bedürfnissen der jüdischen Bevölkerung gerecht. Seit 1928 gab die Duisburger Gemeinde ein eigenes Gemeindeblatt heraus.

Der größte Teil der jüdischen Bevölkerung lebte im Duisburger Stadtzentrum in relativer Nähe zur Synagoge – im sogenannten Wasserviertel – und an den großen Einkaufs-

Abb. 11 Werbeanzeige des Konfektionshauses Gebrüder Alsberg, Festschrift des „Volkschors Duisburg e. V.", 1922

Abb. 12 Plakat zur Wiedereröffnung des Kaufhauses Cohen & Epstein nach dem Umbau 1927

straßen, wo sich die Warenhäuser befanden. Auch am Kaiserberg ließen sich jüdische Familien nieder. Das Wohngebiet der ostjüdischen Arbeiter, Handwerker und Kleingewerbetreibenden (Kleinhändler) konzentrierte sich um die Universitäts- und Charlottenstraße; hier befanden sich ihre Betsäle.

Abb. 13 Erweiterungsbau des Kaufhauses Cohen & Epstein, Beekstraße 16/24, 1927 (rechte Seite)

Jüdische Kinder besuchten Anfang des 20. Jahrhunderts mehrheitlich die öffentlichen (christlichen) Schulen. An jüdischen Feiertagen und am Samstag, dem jüdischen Sabbat, waren sie vom Unterricht befreit. Daneben gab es – mit Vorläufern im 19. Jahrhundert – seit 1927 wieder eine jüdische Volksschule in Duisburg. Mit dieser wurde die jüdische Schule in Ruhrort zusammengelegt. 1929 stellte die Stadt

Cohen & Epstein

eigene Schulräume Am Buchenbaum zur Verfügung. Seitdem besuchten nahezu alle Kinder der jüdischen Gemeinde hier die Grundschule. Ab Oktober 1933 fand der Unterricht außerdem im jüdischen Gemeindehaus an der Junkernstraße statt.

Abb. 14 Der Duisburger Erich Burg, Mitglied des Leichtathletikverbandes im Reichsbund Jüdischer Frontsoldaten RfJ, im Wettkampf 1935

Abb. 15 Ausflug der zionistisch-sozialistischen Arbeiterorganisation Poale Zion, um 1930

Abb. 16 Klassenausflug mit Lehrer Gottfried Israel, vor der Duisburger Synagoge, um 1936/37

Abb. 17 (Mitte) Lehrer der jüdischen Volksschule, v. l. n. r.: E. Frank, F. Kaiser, L. Weissberg, H. Grünewald und G. Israel, 1930

Abb. 18 Jüdischer Kinderhort 1906 – 1933 in der evangelischen Schule an der Beginengasse, um 1935

Die jüdische Gemeinde

Die jüdische Gemeinde Duisburg lässt sich bis 1793 zurückverfolgen. Damals richtete sie im Haus von Leiser Moses am Burgplatz einen Versammlungsort für gemeinsame Gebete ein: Es war die erste Synagoge der Stadt. Mit der Umnutzung des alten Anatomiegebäudes der Universität weihte die Gemeinde 1826 eine eigene Synagoge mit einer Mikwe, dem rituellen Tauchbad, ein. 1875 ließ sie eine neue Synago-

Abb. 19 Duisburger Synagoge an der Junkernstraße (1875 eingeweiht), 1902

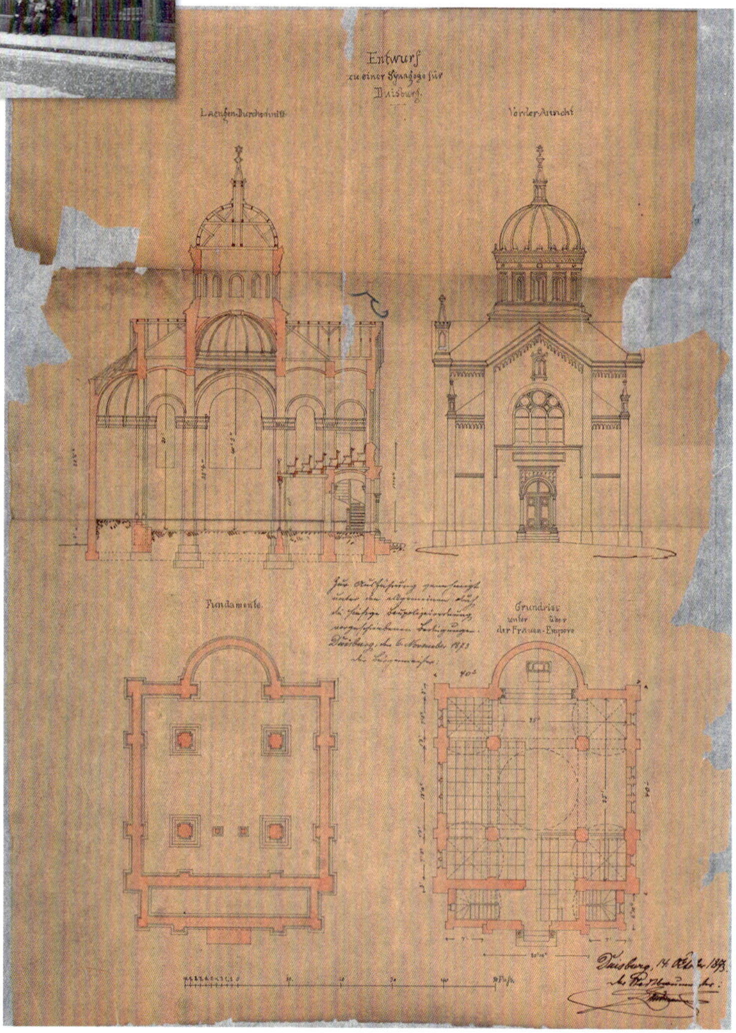

Abb. 20 Entwurfszeichnung der Synagoge, 1873

ge an der Junkernstraße in der Altstadt errichten, knapp außerhalb der alten Stadtmauer.

1930 lebten 3.176 Juden in Duisburg in den damaligen Grenzen. Die meisten zählten zum liberalen Judentum, viele Familien waren schon seit Generationen in Duisburg ansässig. Sie fühlten sich als Deutsche, nahmen als Soldaten am Ersten Weltkrieg teil und waren in hohem Maße in die deutsche Kultur integriert. Dagegen standen in ihrer Tradition verwurzelte Ostjuden, die nach den Pogromen seit 1880 und seit Anfang des 20. Jahrhunderts verstärkt aus Polen und Russland zuwanderten. Mit einer orthodoxen Ausrichtung lehnten sie Reformen und die von den „Liberalen" angestrebte Integration weitestgehend ab. Der Konflikt führte 1919 zur Gründung einer unabhängigen orthodoxen Religionsgemeinschaft mit eigenen religiösen Versammlungsräumen. Vermittler zwischen beiden Gemeinden war der seit 1905 eingesetzte erste und einzige Rabbiner Duisburgs, Dr. Manass Neumark. *(AL)*

Abb. 21 Duisburger Synagogenchor, 1938

Abb. 22 Betsaal der ostjüdischen Gemeinde, Universitätsstraße 29 (hinter dem Cabaret), 1935

Biografie Rabbiner Dr. Manass Neumark

Manass Neumark,
*19. Mai 1875 in Posen-Stadt (Poznan)
verheiratet mit **Martha**, geb. Neumark,
*12. Februar 1877 in Posen

Abb. 23 Rabbiner Dr. Manass Neumark, 1872 – 1942

Nach seinem Abitur 1893 studierte Manass Neumark Orientalische Sprachen, Germanistik und Philosophie in Berlin. Aus dem orthodoxen Rabbinerseminar, das er daneben besuchte, trat er im letzten Semester aus; die Abschlussprüfung legte er vor der Kommission des liberalen Rabbinerverbandes ab. Sein Universitätsstudium schloss er 1905 mit seiner Promotion in Gießen ab.
Zum April 1905 berief die Synagogengemeinde Neumark als ersten Duisburger Rabbiner in das Amt. Neumark zeigte sich liberal und traditionsverbunden zugleich. Immer um das Wohlergehen seiner Gemeinde besorgt, verstand er sich auch als Vermittler zwischen den widerstrebenden Positionen innerhalb der Gemeinde und versuchte Auseinandersetzungen mit den Zionisten zu schlichten. Er stand in engem Austausch mit benachbarten Gemeinden und deren Rabbinern, wie mit Max Eschelbacher und Siegfried Klein in Düsseldorf oder Moritz David in Bochum.

Abb. 24 Hochzeitsfoto von Martha und Manass Neumark, 1905

In der Pogromnacht 1938 verwüsteten SA und SS die Wohnung der Familie Neumark in der Fuldastraße. Dort wohnte er nach dem frühen Tod seiner Frau Martha 1924 mit seiner Schwester Hulda. Die Kinder Hermann, Ernst und Ruth emigrierten – auf Umwegen und zum Teil in letzter Minute – nach Palästina; Tochter Eva und ihr bis Dezember 1938 im KZ Dachau internierter Mann Emil Frank verließen Deutschland 1939 und emigrierten mit ihren Kindern nach England. Bis zu seiner eigenen Deportation versuchte Rabbiner Neumark, den noch in Duisburg Verbliebenen und den umliegenden Gemeinden in gemeinsamen Begegnungen Trost zu spenden. Am 10. Juli 1942 mussten er und seine Schwester in das Meidericher „Judenhaus" an der

Baustraße umziehen. Am 25. Juli 1942 ging ihr Transport nach Theresienstadt. Manass Neumark starb am 21. Oktober 1942, Hulda Neumark am 10. September 1943. *(AL)*

Biografie **Bertha und Dr. Harry Epstein**

Harry Epstein, *26. August 1879 in Duisburg
Bertha Epstein, geb. Löwe, *8. August 1880 in Duisburg

Noch vor ihrer Heirat 1907 war Bertha Löwe Vorsitzende der „Vereinigung jüdischer junger Mädchen". 1906 gründete sie zusammen mit Martha Neumark, Ehefrau des Rabbiners Neumark, den Jüdischen Kinderhort, den sie wohl bis 1912 leitete. Der promovierte Jurist Harry Epstein war zunächst als Rechtsanwalt in Duisburg tätig. Nach dem Tod des Vaters nahm ihn sein Bruder Fritz 1924 als Teilhaber in das Konfektionshaus Cohen & Epstein auf.

Abb. 25 Bertha Epstein, 1880 – 1972

Die zionistische Bewegung, die einen selbstständigen Staat für Juden in Palästina forderte, verband die Eheleute von Beginn an. Harry Epstein war von 1909 bis etwa 1929 Vorsitzender des Zionistischen Gruppenverbandes Rheinland-Westfalen. 1932 war er Mitglied des Landesvorstandes der Zionistischen Vereinigung für Deutschland. Er trat engagiert für die „Überwindung aller inneren Gegensätze" zwischen liberalen Juden, Zionisten und Ostjuden ein. Die Gründung einer jüdischen Volksschule in Duisburg war sein Verdienst. Auch die Entstehung des „Jüdischen Gemeindeblattes" ging auf Epstein zurück; bis November 1928 war er deren Redakteur.

Abb. 26 Dr. Harry Epstein, 1879 – 1973

Als bekannte jüdische Persönlichkeit der Stadt war Epstein nach der „Machtübernahme" der Nationalsozialisten besonders gefährdet. Er tauchte wiederholt unter, um einer Verhaftung zu entgehen. 1934 mussten sich die Brüder Epstein im Zuge der „Arisierungen" dem Zwangsverkauf ihres Kaufhauses an Franz Fahning fügen.

Im Februar 1934 begleitete Harry Epstein seine Frau nach Jerusalem; seine eigene endgültige Übersiedlung dorthin erfolgte im September desselben Jahres. Harry und Bertha Epstein und ihre vier Kinder sind der weiteren Verfolgung durch Flucht und Emigration entkommen. An der Entwicklung ihrer Heimatstadt nach dem Ende von Krieg und Diktatur waren die Epsteins in Israel sehr interessiert; so unterhielten sie eine rege Korrespondenz mit dem langjährigen Oberbürgermeister August Seeling. Auch heute noch stehen Nachfahren mit Duisburg in Verbindung. *(AL)*

Biografie **Familie Marburger**

Gustav Marburger, *23. Dezember 1861 in Bigge, Sauerland
Johanna Marburger, geb. Kaufmann,
*29. Januar 1866 in Mülheim am Rhein (heute Köln-Mülheim)

Abb. 27 Grabstein der Familie Marburger, Jüdischer Friedhof in Duisburg-Hamborn, Röttgersbach (am Mattlerbusch)

Der Kaufmann Gustav Marburger lebte seit 1900 mit seiner Frau und den beiden Töchtern in Hamborn-Bruckhausen. Er war Mitbegründer und für lange Zeit der Repräsentant der Synagogengemeinde Hamborn, von 1914 bis 1929 ist er dort als Vorsitzender des Vorstands nachgewiesen. Auf seine Initiative wurde 1906 die „Synagogengemeinde Holten" in „Synagogengemeinde Hamborn" umbenannt; 1907 unterzeichnete er das neue Statut der Gemeinde-Satzungen. Seine Frau Johanna war seit 1903 Vorsitzende des Jüdischen Frauenvereins in Hamborn. Sie kümmerte sich unter anderem auch um die jüdischen Arbeiter aus Polen, die in Hamborn beschäftigt waren.

Gustav Marburger starb am 16. Mai 1936 infolge eines Herzinfarktes. Seine Witwe emigrierte vermutlich Ende November 1938 nach Zwolle in den Niederlanden, wo seit

1933 ihre jüngere Tochter mit Familie lebte. Seit 1939 war sie in Rotterdam gemeldet. Sie kam im März 1944 in das Durchgangslager Westerbork und wurde am 5. April 1944 ins Konzentrationslager Bergen-Belsen deportiert. Dort starb sie am 10. Juni 1944.

Die ältere Tochter Amalie (Mally, geboren am 3. Juli 1893) Doernberg emigrierte im Januar 1939 mit ihrer Familie von ihrem Wohnort Kassel aus nach England, später nach Israel. Sie kehrten 1951 zunächst nach Mülheim/Ruhr, dann nach Duisburg zurück. Die am 15. Juni 1896 geborene Tochter Margarethe emigrierte vermutlich schon im Juni 1933 mit ihrem Mann Alfred Weihl nach Zwolle. Sie wurden 1943 über Westerbork und Bergen-Belsen (?) nach Auschwitz deportiert und dort am 3. September desselben Jahres ermordet. Ihr Sohn Walter, geboren am 21. September 1922, kam nach Auschwitz und wurde am 22. Februar 1944 für tot erklärt. *(AL)*

Biografie **Herta und Kurt Herzstein**

Franziska Herta Herzstein, geb. Markus,
*30. Juni 1896 in Ruhrort
Kurt Herzstein, *21. Januar 1924 in Duisburg

Abb. 28 Herta Herzstein, 1896 – 1943

Herta Herzstein war Vorstandsmitglied sowie Schriftführerin des Jüdischen Frauenbundes und Mitglied im Israelitischen Frauenverein. Als Sekretärin der Jüdischen Gemeinde Duisburg verhandelte sie nach der Zerstörung der Synagoge im November 1938 mit der Baupolizei. Sie forderte einen Aufschub der Abrissarbeiten und verwies auf den Antrag, den nach der Pogromnacht verhafteten Vorsitzenden der Gemeinde, Dr. Sally Kaufmann, aus dem Konzentrationslager Dachau zu entlassen, da nur er berechtigt war, im Namen der jüdischen Gemeinde einen Vertrag für die Abbrucharbeiten abzuschließen.

Ende Januar 1938 verabredete sie mit den bereits in den Niederlanden lebenden Brüdern, ihren Sohn Kurt nach Amsterdam zu holen. Den mit 14 Jahren nicht mehr schulpflichtigen Kurt meldete sie bei den Behörden zunächst nicht ab. Kurt lebte in einer niederländischen Familie, lernte die Sprache und passte sich dem neuen Leben an.

Herta Herzstein folgte im Frühjahr 1939 nach Amstelveen bei Amsterdam. Sie emigrierte mit ihrem Vater, der ein Jahr später starb. Sie stand in enger Verbindung mit Mitgliedern der Duisburger Gemeinde: Überliefert sind Briefe des Duisburger Rabbiners Manass Neumark, der Frau Herzstein immer wieder für ihre liebevolle Fürsorge und die Hilfspakete aus Holland dankte. Bei einer Razzia wurde Herta im Juni 1943 verhaftet und aus dem Durchgangslager Westerbork am 13. Juli 1943 in das Vernichtungslager Sobibor, Polen, deportiert. Drei Tage später, am 16. Juli 1943, wurde sie ermordet.

Der Sohn Kurt entkam einer Razzia und konnte sich verstecken. Er floh auf abenteuerlichen Wegen über Brüssel und Paris bis an die französisch-spanische Grenze bei Hendaye-Irun und weiter nach Bilbao. Von dort aus erreichte er 1941 auf einem Postschiff mit etwa 500 weiteren Flüchtlingen Kuba. 1944 erhielt er ein Visum für Kanada. Die Brüder seiner Mutter konnten ebenfalls fliehen und überlebten im kanadischen Exil. Kurt Herzstein hält Kontakt zu Duisburg und war mehrmals in der Stadt zu Besuch. *(AL)*

Biografie **Fritz Kaiser**

Friedrich Seligmann Kaiser,
*2. Oktober 1888 in Mardorf, Hessen
verheiratet mit **Franziska**, geb. Compart,
*11. August 1896 in Derenburg / Sachsen

Friedrich (Fritz) Kaisers Lehrerausbildung fiel in die Zeit des Ersten Weltkrieges: Zweimal wurde er zum Militärdienst eingezogen. Nach Schuldiensten in Essen war er seit Juni 1919 Religionslehrer und Prediger der israelitischen Gemeinde Ruhrort. Zum 1. April 1922 erhielt Fritz Kaiser eine Lehrerstelle an der konfessionsfreien Schule in Duisburg-Beeck.

Abb. 29 Lehrer Fritz Kaiser, 1888 – 1942, in seiner Klasse (links), Ostern 1929

Nach weiteren Stationen in Ruhrort und Dinslaken wechselte er an die neu gegründete Jüdische Schule Duisburg, zu deren Leiter und Hauptlehrer er 1929 ernannt wurde. 1934 wurde er nach Essen versetzt. Er behielt aber das Amt des Kultusbeamten in Ruhrort bei und nahm hier Eheschließungen und Beisetzungen vor.

Bei den Novemberpogromen 1938 demolierten SA-Trupps die Wohnung der Familie Kaiser in der Landwehrstraße 21. Die dahinter gelegene Synagoge steckten sie in Brand. Fritz Kaiser wurde schwer misshandelt; laut Bericht wurde er in der Synagoge mit Stroh umwickelt und sollte bei lebendigem Leib verbrennen. Nichtjüdische Freunde sollen ihn gerettet haben. Kaiser wurde verhaftet und in das Konzentrationslager Dachau verschleppt. Nach seiner Entlassung zog die Familie 1939 in die Mülheimer Straße 81. Die beiden Söhne hatten sie im Dezember 1938 nach Middelkerk in Belgien geschickt, holten sie aber wieder nach Ruhrort zurück. Im Januar 1940 meldeten sie sich nach Köln ab. Von hier aus wurde Familie Kaiser im Juli 1942 über das Internierungslager Much (Sieg-Kreis) nach Minsk deportiert und im nahen Maly Trostinec ermordet. *(AL)*

AUSGRENZUNG AUS DER STADTGESELLSCHAFT: MOTIVE, MITTEL, WEGE

Abb. 31 (rechte Seite) Boykott des Textilhauses Erich Brandt in Hamborn, 1. April 1933: „Deutsche kauft nicht bei Juden!“

Enteignung, Stigmatisierung, Übergriffe

Schon bald nach der Machtübernahme der Nationalsozialisten begann die schrittweise, systematische Ausgrenzung der jüdischen Bevölkerung aus dem politischen, wirtschaftlichen und gesellschaftlichen Leben der Stadt. Nach dem „Berufsbeamtengesetz“ vom 7. April 1933 erhielten jüdische Beamte und Angestellte Berufsverbot. Ärzte und Anwälte konnten ihre Arbeit nur eingeschränkt fortsetzen. Mitgliedschaften in Organisationen und Verbänden wurden gekündigt. Jüdisches Eigentum wurde beschlagnahmt, Unternehmen von Juden in das Eigentum von Nichtjuden überführt („arisiert“). Mit Beginn der NS-Herrschaft nahmen Übergriffe auf die jüdische Bevölkerung drastisch zu. Willkürliche Verhaftungen und Misshandlungen gehörten zur antisemitischen Gewalt, die auch vor Mord nicht zurückschreckte: In Duisburg erschossen SA-Männer im April 1933 den jüdischen Schneider Josef Danziger auf offener Straße.

Abb. 30 Königstraße mit Hakenkreuzfahnen, um 1940/1941

Die Nürnberger Gesetze von 1935 erklärten deutsche Juden offiziell zu Menschen minderen Rechts. Jetzt waren sie keine „Reichsbürger" mehr, sondern nur noch „Staatsangehörige" des Deutschen Reiches ohne politische Rechte. Zahllose Sondererlasse und Verfügungen bestimmten das Leben aller, die unabhängig von ihrer Religionszugehörigkeit allein nach den „Rassekategorien" der Nationalsozialisten zu „Juden" erklärt wurden.

Abb. 32 Kontobuchkarte des „arisierten" Textilhauses Brandt mit neuem Namensstempel und „aktualisierter" Kontonummer

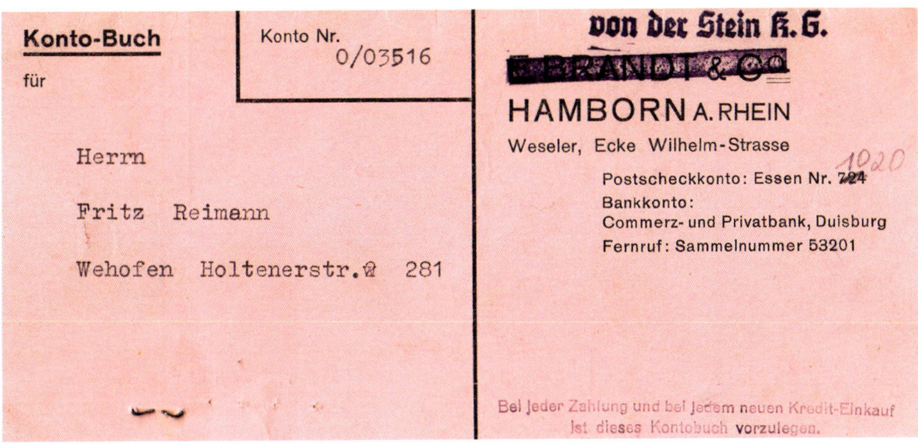

Konto-Buch
für

Konto Nr. 0/03516

Herrn
Fritz Reimann
Wehofen Holtenerstr. 281

von der Stein K.G.
~~E. BRANDT & Co~~
HAMBORN A. RHEIN
Weseler, Ecke Wilhelm-Strasse
Postscheckkonto: Essen Nr. ~~724~~ 1020
Bankkonto:
Commerz- und Privatbank, Duisburg
Fernruf: Sammelnummer 53201

Bei jeder Zahlung und bei jedem neuen Kredit-Einkauf ist dieses Kontobuch vorzulegen.

Aufgrund zunehmender Drangsalierungen und Schikanen an den öffentlichen Schulen wechselten jüdische Schulkinder auf die jüdische Schule. Ab November 1938 wurden sie von den kommunalen Schulen ausgeschlossen. Ab Juni 1942 war jeglicher Unterricht für jüdische Schüler und Schülerinnen verboten.

Deutsche, kauft deutsche Waren bei deutschen Firmen!
Volksgenossen übt Disziplin und kauft bei unseren Inserenten!

Schuhhaus Wogelsang
Hamborn / Jägerstraße 22

Möbel-Solbach
Hamborn, Kaiser-Friedrich-Straße 31
Große Lagerräume. Billige Preise.
Annahme von Ehestandsdarlehen.

Bauernstuten und Wochenendstuten in verschiedenen Preislagen u. Geschmacksrichtungen. — Spezialität R ggenbrot.
dolf Herpinger
Bäckerei und Konditorei
Hamborn, Kirchstraße 18 — Fernruf 51510.
Lieferung frei Haus

Küchen ... schon von RM 148.-
Schlafzimmer von RM. 295.-
Rheinisches Möbelhaus
Hamborn-Marxloh, Weseler Straße 99
Annahme von Ehestandsdarlehen.

mauky's Brot
ht Wangen rot

Die Neuheiten der großen Funk-Ausstellung sind eingetroffen.
Besichtigung und Vorführung unverbindlich.
W. Schulte-Bahrenberg
das Fachgeschäft für Radio

Volks-Empfänger
Anzahlung RM. 7,25
den Rest in monatl. Raten von RM. 4,40 liefert sofort
W. Schulte-Bahrenberg
das Fachgeschäft für Radio
Hamborn
Duisburger Straße 207/209
am Rathaus, Fernruf 50569

Schuhhaus „Blitz“

Herren- und Knabenkleidung
Berufskleidung
nur vom Kleiderfachmann
Nienaber Hamborn
Jägerstraße 6

Lederwaren, Reiseartikel, Pfeifen, Schirme u. Stöcke
kauft man gut und preiswert bei
Haverkamp
Gegr. 1897 H.-Marxloh — Weseler Straße 93

WERBE-DRUCKE
Werbedrucke sollen dem Unternehmen mit faszinierender Beredsamkeit und motorischer Kraft umsatzfördernden Antrieb geben — hier fällt des Druckers Können entscheidend in die Waagschale! Anspruchsvolle Unternehmen wissen, daß uns schwierige Aufgaben doppelt reizen!
ional-Zeitung, Niederrhein
Abteilung Verlag und Druckerei
Duisburg, Marienstraße 29, Fernruf 34051

Möbelhaus Gasseling - Hamborn
Spezialhaus für Wohnungseinrichtungen
Weseler Straße 153 Fernsprecher 515 28

Lintel
HAMBORN
Pollmann-Ecke
Kaiser-Friedrich-Straße 2–6
Herren- und Knaben-Kleidung

In Hamborn
alle Textilwaren
gut und preiswert
Sinn
Weseler Straße

Hamborner Firmen werben und empfehlen sich

Zur Klarstellung!
Es ist mir mitgeteilt worden, daß von mir unbekannter Seite falsche Behauptungen über mein Unternehmen aufgestellt worden seien.
Ich erkläre demgegenüber hiermit nachdrücklichst, daß
1. sich das Geschäftskapital meines Unternehmens ausschließlich in arischen Händen befindet,
2. das Unternehmen von arischen Personen geleitet wird,
3. die Gefolgschaftsmitglieder ausnahmslos in der Deutschen Arbeitsfront organisiert sind.
An Urheber und Verbreiter von Gerüchten, welche obigen Tatsachen widersprechen, ergeht hiermit eine
letzte Warnung
Verleumdungen werde ich unnachsichtlich mit allen zu Gebote stehenden Mitteln zu begegnen wissen.
Bohrenkämper
Weseler Straße 28

Dreißig Mark in bar
sparen Sie jahraus, jahrein, wenn Sie Ihren veralterten, ausgedienten Ofen gegen einen neuen
Allesbrenner
auswechseln.
(Diese Ersparnis ist für einen Heizraum von 100 cbm und für etwa 200 Heiztage berechnet.)
Ich zeige Ihnen gute Modelle kostenlos und unverbindlich. Fachmännische Beratung sichere ich Ihnen zu.
Besichtigen Sie bitte meine große Ausstellung Ecke Allee-Viktoriastraße, welche den ganzen Tag geöffnet ist.
Josef Kübel
Hamborn, Forststraße 24 (am Altmarkt)
Richterstraße 46
Herde, Wasch- und Wringmaschinen, Kesselöfen, Zinkwaren

Stoffhaus Mönch
Hamborn, Pollmannecke
Preiswerte Kleider- und Mantelstoffe
Besonders preiswerte Damenwäsche und Strümpfe

Radio- und Elektrohaus Heinrich Dicksen
Hamborn, Kaiser-Wilhelm-Straße 301.

Strümpfe, Wäsche, Wollwaren
wie immer gut und billig bei
Martin Schlecht
Hamborn, Jägerstraße 17.

Brautleute!!
Wenn Sie Möbel kaufen wollen, kommen Sie in Ihrem Interesse zum
Deutschen Möbelhaus am Hindenburgplatz
Hamborn-Marxloh, Weseler Straße 5a
Große Auswahl - Billige Preise
Annahme von Ehestandsdarlehen

Wir wollen mal die Tapeten wechseln ...
... eine gute Absicht, denn Abwechslung erfreut. Wollen Sie die Tapeten in Ihren Räumen wechseln, um sie aufzufrischen, ihnen ein neues, schöneres Gesicht zu geben,
dann gehen Sie bitte zu
Schröder und Baum
Duisburg, Hamborn, Ruhrort
Tapeten — Linoleum — Stragula — Wandstoffe

Uhren
Goldwaren
Verlobungs-Ringe
Heinrich Dalinghoff
Hamborn-Marxloh

Textilwaren kauft man im Textilhaus Potthoff
Hamborn Am Markt

ilchkenner
orzugen die Flaschenmilch vom
ilchhof Hamborn
Sie ist stets trinkfertig, krankheitskeimfrei und haltbar. Sie kann ohne Bedenken ungekocht genossen werden. Alle Milchhändler aus dem Kreise Dinslaken führen die Flaschenmilch aus dem Milchhof Hamborn (in 1/1-Ltr.-Stahlflaschen und 1/2-Ltr.-Glasflaschen)
Milchversorgungs-Gesellschaft m. b. H., Hamborn, Schlachthofstraße 35, Fernruf 53261

4229

Abb. 33 Aufruf in der National-Zeitung vom 22.9.1935 mit einschlägigen Geschäftsanzeigen

Abb. 34 Das „arisierte" Konfektionshaus Gebr. Alsberg, Anzeige in der National-Zeitung, 10. Mai 1936

Abb. 35 Mit roten Fahnen behängt und in der Hand eine Mistgabel: „Judenumzug" in Marxloh, 16. März 1933

Ohne das Funktionieren der städtischen Verwaltung, Polizei, Feuerwehr und weiterer Behörden hätten die Maßnahmen der Ausgrenzung nicht umgesetzt werden können. *(AL)*

Biografie **Rabbiner Marcus Jakob Bereisch**

Marcus Jakob (Mordechai Jakow) Bereisch,
*6. Mai 1895 in Sokol, Galizien / Ukraine
verheiratet mit **Pesia (Pescha)**, geb. Zigmann
*27. Oktober 1900 in Sokol, Galizien / Ukraine

Abb. 36 Rabbiner Marcus Jakob Bereisch 1895 – 1977 (rechts)

Nach seinem Studium und Rabbinat in Lemberg, Galizien, kam Marcus Bereisch im April 1929 mit seiner Familie nach Duisburg. Wenige Woche später, im Mai 1929, wurde er zum Vorsteher (Dajan) des ostjüdischen Vereins Machsika Hadas gewählt. Bereisch war ein Gelehrter und für den Rabbiner Neumark ein hoch respektierter Amtskollege.

Die Familie wohnte zuletzt (wieder) in der Charlottenstraße 29, wo sich auch der Betsaal der ostjüdischen Gemeinde befand. Am Abend des 18. März 1933 drangen fünf SS-Männer in die Wohnung ein und misshandelten den Dajan schwer. Zuvor war das Gerücht gestreut worden, dass kommunistische „Hetzblätter" in einer geheimen Druckerei der ostjüdischen Gemeinde gedruckt worden seien. Fünf Tage später kamen erneut „Kriegsleute der SS", wie Bereisch sie später nannte, und trieben ihn mit zwei weiteren Juden durch die Straßen, die schwarz-rot-goldene Fahne der Weimarer Zeit wie eine Schleppe umgehängt. Den „Frevlern" folgten „Menschen zu Hunderten und Tausenden (...), und es war keiner unter ihnen, der protestiert hätte, als sie die Demütigungen, Beleidigungen und auch Schläge sahen, die sie mir auf dem ganzen Weg antaten". Vor dem Stadttheater stellte sich Polizeihauptmeister Kurt Nabakowski als einziger den 30 SS-Männern entgegen. Er nahm die drei Juden in Haft, um sie vor weiteren Übergriffen der SS zu schützen. Dem Rabbiner riet er eindringlich, das Land so schnell wie möglich zu verlassen. Bereisch konnte über Belgien und Frankreich nach Zürich fliehen; seine Frau reiste ihm im Juni 1935 mit den Kindern in das erzwungene Exil nach. Im Mai 1935 wurde Bereisch Rabbiner der ostjüdischen Gemeinde Zürich und bekleidete dieses Amt 42 Jahre lang – bis an sein Lebensende 1977. *(AL)*

Abb. 37 Misshandlung während des „Judenumzugs", 23. März 1933: Der SS-Mann vorne links hält eine Schere bereit, um Rabbiner Bereischs Bart abzuschneiden.

Biografie **Familie Jülich**

Dr. Walter Jülich, *13. Februar 1895 in Ruhrort
Martha Jülich, geb. Löwe, *12. April 1897 in Duisburg
Karl (Charles), *15. Mai 1924 in Hamburg
Hans Otto Emanuel, *14. Dezember 1927 in Duisburg

Abb. 38 Passfoto von Walter und Martha Jülich, um 1956

Nach seinem Medizinstudium arbeitete Walter Jülich zunächst in Hamburg. 1925 zogen er und seine Frau Martha mit dem einjährigen Sohn Karl nach Duisburg zurück. Sohn Otto wurde 1927 geboren. Die erste Praxis eröffnete Dr. Jülich am Kuhlenwall 38. Im September 1938 erfolgte der Umzug in einen modernen Neubau an der Köhnenstraße 6.

Walter und Martha waren in der Synagogengemeinde und in jüdischen Verbänden engagiert. Sie erlebten Ausschreitungen und Durchsuchungen ihres Hauses. Walter wurde wiederholt für mehrere Tage in „Schutzhaft" genommen. Nach seiner Verhaftung während des Pogroms vom 9. und 10. November 1938 wurde er in das Konzentrationslager Dachau gebracht. Weil seine Frau mithilfe von Verwandten in den USA eine Auswanderungsgenehmigung für Amerika erwirkte, kam Jülich am 8. Dezember 1938 frei. Doch die Ausreise verzögerte sich, denn die Visa wurden nach zuvor verteilten Nummern der Reihe nach ausgestellt. Wegen des drohenden Krieges schickten die Jülichs ihre beiden Söhne im Frühjahr 1939 zu Verwandten nach Belgien. Die Eltern verließen Deutschland am 4. Juli. Nach quälend langer Wartezeit konnte Familie Jülich am 9. Dezember 1939 nach New York ausreisen – drei Monate nach Kriegsbeginn.

Abb. 39 Karl und Otto Jülich mit ihrer Großmutter Sophie Loewe, um 1930

Mitte der 1960er Jahre besuchten Martha und Walter Jülich ihre alte Heimatstadt Duisburg. Sie suchten die Orte ihres früheren Lebens auf und standen auch vor ihrem Haus an der Köhnenstraße, das den Krieg überdauert hatte. Anstelle des früheren Praxisschildes hing das Schild eines anderen Arztes dort. Sie betraten das Haus nicht. *(AL)*

Biografie **Theodor und Amalie Lauter**

Theodor Lauter,
*27. Oktober 1862 in Neidenburg, Ostpreußen
Amalie (Mally) Lauter, geb. Leeser,
*17. Januar 1870 in Herne

Theodor Lauter gründete 1893 in der Beekstraße eine Filiale des in fast ganz Deutschland präsenten Textilkaufhauses Gebrüder Alsberg. Er leitete das expandierende Unternehmen, Mitinhaber war Hermann Strauß. Es wurde wie das Kaufhaus Cohen & Epstein eines der führenden Häuser in der Duisburger Einkaufsstraße. Lauter war Vorsitzender der jüdischen Gemeinde, engagierte sich für soziale und gemeinnützige Projekte in der Stadt. Immer wieder stockte er das Stiftungsvermögen der Theodor- und Mally-Lauter-Stiftung auf, um den Kinderhort der Gemeinde zu finanzieren.

Die Loge wird abgebrochen

Das ehemalige Logengebäude am Kuhlenwall ist der Spitzhacke überantwortet worden. Der Abbruch des Gebäudes macht überraschend schnelle Fortschritte und die Lücke am Kuhlenwall wird täglich größer. Sie wird nicht lange bestehen bleiben! An die Stelle der ehemaligen Loge kommt ein dreistöckiges Wohnhaus, mit dessen Bau im Anschluß an den Abbruch sofort begonnen werden soll.

(Aufnahme: RRZ. / Lochmüller)

Abb. 40 Das Theodor-Lauter-Haus am Kuhlenwall 28, ab 1925 Tagungsort und zeitweiliger Sitz der „Duisburg-Loge zur Treue", besonders nach 1933 kultureller Treffpunkt der jüdischen Gemeinde. Rhein- und Ruhr-Zeitung, 20.09.1936

Lauter starb gut ein Jahr vor Beginn der Boykotte gegen jüdische Geschäfte am 21. Februar 1932 in Duisburg. Seine Firmenanteile an Gebr. Alsberg übernahmen seine Frau Amalie und sein Sohn Ernst. Aufgrund zunehmender Repressalien gegen Juden und drohender Enteignungen sahen

Abb. 41 Grabstein für Theodor Lauter, links neben dem Familiengrabmal, Friedhof Sternbuschweg

sich die Eigentümer im Mai 1936 gezwungen, das Kaufhaus an Helmut Horten, den jüngsten „ihrer" Abteilungsleiter, zu verkaufen. Bis Ende des Jahres waren alle jüdischen Angestellten entlassen. Der neue Geschäftsinhaber „übernahm" nun auch das Wohnhaus der Familie Lauter und ließ sich am Kaiserberg nieder.

Amalie Lauter wohnte spätestens seit 1938 in der Hindenburgstraße 28 (heute Kardinal-Galen-Straße). In die Wohnung drangen am 9. November 1938 NS-Männer ein, um Teile der Einrichtung wahllos zu zerstören. Etwa Ende 1939 musste Amalie Lauter – wie auch Rabbiner Neumark und andere – in das „Judenhaus" Fuldastraße 1 umziehen; ein weiterer Zwangsumzug erfolgte 1942 in das „Judenhaus" Baustraße 34/46. Am 25. Juli 1942 wurde sie nach Theresienstadt und am 21. September 1942 weiter in das Vernichtungslager Treblinka deportiert. Die Tochter und alle drei Söhne konnten in die USA emigrieren. *(AL)*

DIE VERFOLGUNG DER JUDEN

Von der „Polenaktion" zum Pogrom am 9. und 10. November 1938

Als Polen 1938 per Gesetz verfügte, dass die Pässe polnischer Staatsbürger, die länger als fünf Jahre im Ausland lebten, ungültig werden könnten, betraf diese Verordnung vor allem in Deutschland lebende „Ostjuden". Bevor diese staatenlos wurden, beschloss die deutsche Regierung ihre Zwangsausweisung: Ende Oktober 1938 wurden in der als „Polenaktion" bekannten ersten Massendeportation aus dem Deutschen Reich etwa 18.000 Juden an die deutsch-polnische Grenze abgeschoben. Vom Duisburger Hauptbahnhof ging ein Sonderzug mit 140 „Ostjuden" nach Zbąszyń (Bentschen) ab.

In Reaktion auf die Abschiebung seiner Familie aus Hannover schoss der 17-jährige Herschel Grynspan am 7. November 1938 auf den deutschen Diplomaten Ernst vom Rath in

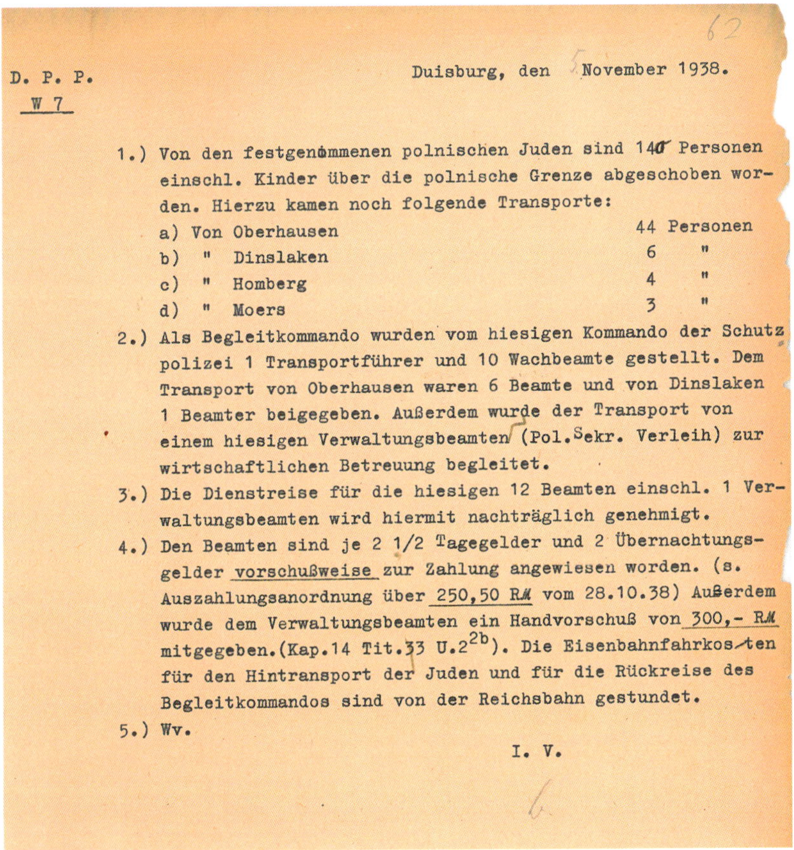

62

D. P. P.
W 7

Duisburg, den 5 November 1938.

1.) Von den festgenommenen polnischen Juden sind 140 Personen einschl. Kinder über die polnische Grenze abgeschoben worden. Hierzu kamen noch folgende Transporte:

a) Von Oberhausen	44 Personen
b) " Dinslaken	6 "
c) " Homberg	4 "
d) " Moers	3 "

2.) Als Begleitkommando wurden vom hiesigen Kommando der Schutzpolizei 1 Transportführer und 10 Wachbeamte gestellt. Dem Transport von Oberhausen waren 6 Beamte und von Dinslaken 1 Beamter beigegeben. Außerdem wurde der Transport von einem hiesigen Verwaltungsbeamten (Pol.Sekr. Verleih) zur wirtschaftlichen Betreuung begleitet.

3.) Die Dienstreise für die hiesigen 12 Beamten einschl. 1 Verwaltungsbeamten wird hiermit nachträglich genehmigt.

4.) Den Beamten sind je 2 1/2 Tagegelder und 2 Übernachtungsgelder vorschußweise zur Zahlung angewiesen worden. (s. Auszahlungsanordnung über 250,50 RM vom 28.10.38) Außerdem wurde dem Verwaltungsbeamten ein Handvorschuß von 300,- RM mitgegeben.(Kap.14 Tit.33 U.2 2b). Die Eisenbahnfahrkosten für den Hintransport der Juden und für die Rückreise des Begleitkommandos sind von der Reichsbahn gestundet.

5.) Wv.

I. V.

Abb. 42 Bericht des Duisburger Polizeipräsidenten

Abb. 43 Brand der Ruhrorter Synagoge, Landwehrstraße 21, 9./10. November 1938

5/6

Abschrift.

V e r s c h l o s s e n .

Kommando der Schutzpolizei. Duisburg, den 10.11.1938.
Offizier vom Wochendienst.

An die Reviere 1 bis 17 zur Kenntnis.

Oberregierungsrat K o r r e n g , Düsseldorf, teilt am 10.11.1938 o,22 Uhr folgendes mit: Auf Veranlassung des Höheren SS Führers W e i t z e l , ist damit zu rechnen, dass ab sofort Aktionen gegen Juden unternommen werden. Hiergegen ist nicht einzuschreiten. Die Aktionen sind im Gegenteil zu unterstützen. Wertsachen, die beim Einschlagen von Schaufensterscheiben usw. evtl. durch Mob geplündert werden, sind von den Polizeirevieren sicherzustellen. Es ist damit zu rechnen, dass Synagogen in Flammen hochgehen.

gez. S c h r e y e r ,
Hauptmann der Schutzpolizei und
Offizier vom Wochendienst.

15

A b s c h r i f t .

R.8. - 7331 - Duisburg, den 10. November 1938.

16

S Ak II.

In den Nacht vom 9. zum 10. November 1938 wurde die Wohnungseinrichtung des jüdischen Rabbiners und Lehrers Friedrich K a i s e r , wohnhaft Duisburg-Ruhrort, Landwehrstraße 21, demoliert, ebenfalls das im gleichen Hause befindliche Sitzungszimmer der jüdischen Gemeinde. Die hinter dem Wohnhaus liegende Synagoge brannte vollständig aus.
Die Feuerlöschpolizei der Stadt Duisburg und die freiwillige Feuerlöschpolizei Duisburg-Ruhrort, waren am Brandherd anwesend und schützten die anliegenden Wohnhäuser.

gez. S c h r e y e r .

+++ +++

Paris. Dessen Tod zwei Tage später lieferte der SA und der SS Anlass und Vorwand, ihren „spontanen Zorn" mit ungehemmter Brutalität gegen die jüdische Bevölkerung wüten zu lassen. Doch der Pogrom vom 9. und 10. November war vorbereitetet: Schon Mitte 1938 waren Listen vermögender Juden angefertigt worden. Jetzt genügte nicht mehr nur die Ausgrenzung aus allen Lebensbereichen – jetzt ging es um ihre bloße Existenz: Sie wurden zum Teil schwer misshandelt, ihre Geschäfte und Wohnungen verwüstet, nahezu alle Synagogen und Beträume zerstört. Ingesamt wurden etwa 30.000 Menschen in Konzentrationslager verschleppt. Die meisten wurden erst nach Wochen wieder freigelassen. Hunderte starben in den Lagern oder an den Folgen der Haft. Viele sahen den einzigen Ausweg im Freitod.

Abb. 44 (linke Seite, oben) Polizeiakte Blatt 6: Anordnung der Schutzpolizei Duisburg zur Pogromnacht 9./10. November 1938

Abb. 45 (linke Seite, unten) Bericht der Schutzpolizei zum Pogrom in Ruhrort, Polizeiakte Blatt 16

Am 16. November verließ der erste Duisburger Transportzug den Hauptbahnhof: Von den 60 verhafteten Duisburgern kamen vermutlich 23 in das Konzentrationslager Dachau. Ein Duisburger starb nach schwerer Misshandlung wenige Tage nach der Pogromnacht.

Die Duisburger Polizei war über die Planung des Pogroms informiert und in die Durchführung involviert. Die Beamten ermittelten nicht gegen die Täter. Die Feuerwehr löschte die Brände nicht und die Krankenhäuser verweigerten den verletzten Menschen die Behandlung. Für die jü-

Abb. 46 – 47 Kiddusch-Becherfragment (o.) und Teil einer Bodenfliese aus dem Fundamentbereich der zerstörten Synagoge

dische Bevölkerung hatte der sowieso schon ausgehöhlte Rechtsstaat mit dem Novemberpogrom endgültig aufgehört zu existieren. *(AL)*

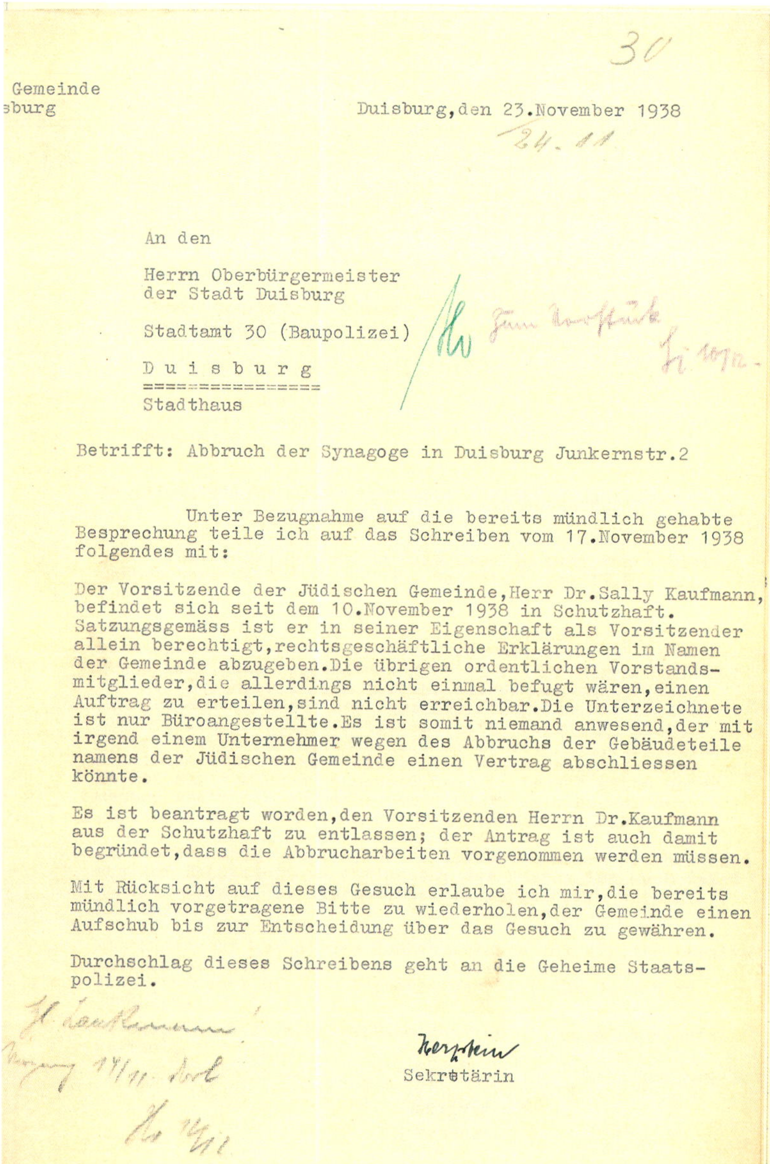

Gemeinde
sburg

Duisburg, den 23. November 1938

An den

Herrn Oberbürgermeister
der Stadt Duisburg

Stadtamt 30 (Baupolizei)

D u i s b u r g

Stadthaus

Betrifft: Abbruch der Synagoge in Duisburg Junkernstr.2

Unter Bezugnahme auf die bereits mündlich gehabte Besprechung teile ich auf das Schreiben vom 17.November 1938 folgendes mit:

Der Vorsitzende der Jüdischen Gemeinde, Herr Dr. Sally Kaufmann, befindet sich seit dem 10. November 1938 in Schutzhaft. Satzungsgemäss ist er in seiner Eigenschaft als Vorsitzender allein berechtigt, rechtsgeschäftliche Erklärungen im Namen der Gemeinde abzugeben. Die übrigen ordentlichen Vorstandsmitglieder, die allerdings nicht einmal befugt wären, einen Auftrag zu erteilen, sind nicht erreichbar. Die Unterzeichnete ist nur Büroangestellte. Es ist somit niemand anwesend, der mit irgend einem Unternehmer wegen des Abbruchs der Gebäudeteile namens der Jüdischen Gemeinde einen Vertrag abschliessen könnte.

Es ist beantragt worden, den Vorsitzenden Herrn Dr. Kaufmann aus der Schutzhaft zu entlassen; der Antrag ist auch damit begründet, dass die Abbrucharbeiten vorgenommen werden müssen.

Mit Rücksicht auf dieses Gesuch erlaube ich mir, die bereits mündlich vorgetragene Bitte zu wiederholen, der Gemeinde einen Aufschub bis zur Entscheidung über das Gesuch zu gewähren.

Durchschlag dieses Schreibens geht an die Geheime Staatspolizei.

Herzstein
Sekretärin

Abb. 48 Antwort Herta Herzsteins auf das baupolizeiliche Schreiben, „binnen 3 Tagen mit der ordnungsgemäßen Niederlegung" der zerstörten Synagoge zu beginnen

Biografie Familie Windmann

Ludwig-Leiser Windmann,
*9. März 1876 in Tschenstochau, Galizien / Polen
Ernestine Windmann, geb. Willinger,
*29. März 1876 in Myslowitz / Beuthen, Oberschlesien

Der Kaufmann Ludwig (Leiser) Windmann war seit 1907 in Duisburg gemeldet. Hier wohnte er mit seiner Familie, das Ehepaar zuletzt seit 1931 am Sonnenwall 72. Windmann lebte seine Frömmigkeit, war Vorstandsmitglied der Duisburger Ortsgruppe im Reichsverband ostjüdischer Organisationen.

Abb. 49 Ernestine und Ludwig-Leiser Windmann mit Enkelin Rosemarie, Sommer 1932

Am 10. November 1938 befand sich Ludwig Windmann in seinem Geschäft am Sonnenwall 52. Plötzlich stürmte ein SA-Trupp in Begleitung eines Gestapo-Mannes herein und zerrte ihn unter lautem Gebrüll auf die Straße. Sie zerschmetterten ihm den Kopf an der Hauswand. Passanten schritten nicht ein, jemand rief einen Krankenwagen. Windmann wurde in ein mehrere Kilometer entferntes Krankenhaus gebracht, er starb acht Tage später. Die nicht namentlich bekannten Täter blieben unbehelligt. Der sechsjährige Enkel, Günter Windmann, wurde Zeuge des Mordes – und musste zwei Wochen später mit ansehen, wie die Gestapo seinen Vater Felix Windmann in der Krefelder Wohnung verhaftete und verschleppte.

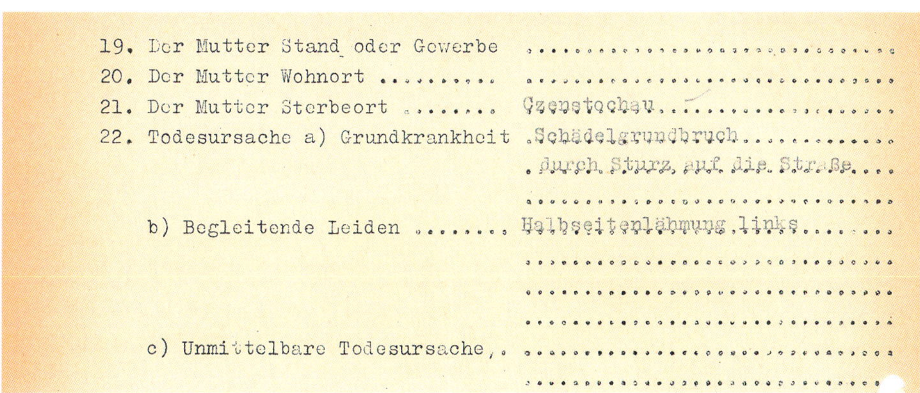

19. Der Mutter Stand oder Gewerbe ....
20. Der Mutter Wohnort ....
21. Der Mutter Sterbeort .... Czenstochau..........
22. Todesursache a) Grundkrankheit .Schädelgrundbruch..........
durch Sturz auf die Straße...
b) Begleitende Leiden .... Halbseitenlähmung links..........
c) Unmittelbare Todesursache ....

Abb. 50 Die Staatliche Kriminalpolizei Duisburg zum Sterbefall Windmann am 18. November 1938: Die eigentliche Gewaltausübung wird verschwiegen.

Auch die Wohnung der Windmanns wurde am 10. November geplündert, das Mobiliar auf die Straße geschleudert. Nach dem Tod ihres Mannes musste Ernestine Windmann in die Grünstraße 51 umziehen; die geschändete Wohnung am Sonnenwall wurde von der Gestapo beschlagnahmt. Am 15. November 1940 starb Ernestine Windmann in Duisburg. Sohn Ismar wurde nach langem Leidensweg vermutlich Anfang März 1943 mit seiner zweiten Frau und Tochter in Auschwitz ermordet. Felix Windmann, der jüngere Sohn, wurde nach seiner Verhaftung nach Polen deportiert und über Buchenwald in das Konzentrationslager Mittelbau Dora in Nordhausen, Thüringen „überstellt". Hier verliert sich seine Spur. *(AL)*

ANTISEMITISMUS

Rassistisches und antisemitisches Denken war keine Neuerfindung der Nationalsozialisten, sondern bereits im Kaiserreich Teil der gesellschaftlichen Realität. Auch wenn die Weimarer Republik die volle rechtliche Gleichstellung für die jüdische Bevölkerung gebracht hatte, radikalisierten sich besonders nach dem Ersten Weltkrieg antisemitische Einstellungen, die auch in Gewaltaktionen mündeten. Vor allem völkisch-rechte Gruppierungen hatten „den Juden" zum universell einsetzbaren Sündenbock erklärt, der für Kriegsniederlage und Revolution, für Versailler Vertrag und Inflation verantwortlich sei.

Auch in Duisburg gab es antisemitische Übergriffe. Organisationen wie der „Deutsche Schutz- und Trutzbund", in welchem der spätere NSDAP-Kreisleiter Wilhelm Loch Mitglied war, verbreiteten antisemitische Flugblätter. Die antisemitische Hetze und die Exzesse beunruhigten die jü-

Abb. 51 Antisemitische Hetze des „Deutschen Schutz- und Trutzbundes", 1919

1919

Wohin Ihr faßt, Ihr werdet Juden fassen!

Wer stellt die meisten Kriegswucherer? Juden!
Wer betreibt den rücksichtslosesten Schleichhandel? Juden!
Wer hetzt das Volk unablässig weiter in's Elend? Juden!

Deutsche! Befreit Euch von der Judenherrschaft!

Männer und Frauen deutschen Blutes und deutschen Geistes schließt Euch zusammen im

Deutschen Schutz- und Trutz-Bund

Zuschriften erbeten nach Duisburg-Ruhrort, Postfach 107.

dische Gemeinde schon lange vor 1933. Die im Jahr 1920 gegründete NSDAP (die Ortsgruppe Duisburg existierte seit 1925) erklärte den Antisemitismus zur zentralen politischen Angelegenheit. Ihre Anhänger und Anhängerinnen setzten den Judenhass in eine terroristische politische Praxis um.

Auch heute sind antisemitische Einstellungen und Übergriffe Teil der gesellschaftlichen Realität in Deutschland. In Duisburg haben Neonazis zum Beispiel mehrfach das Anne-Frank-Mahnmal am Rabbiner-Neumark-Weg geschändet und 2008 sogar mit Säure schwer beschädigt. Die jüdische Gemeinde erhält in mehr oder weniger regelmäßigen Abständen antisemitische Hetzbriefe. *(RH)*

JÜDISCHER WIDERSTAND

Jüdische Bürgerinnen und Bürger Duisburgs waren nicht nur Opfer des Nationalsozialismus. Einige setzten sich auch mit Mut und Engagement gegen die Nationalsozialisten zur Wehr. Der jüdische Widerstand erwuchs dabei nicht unmittelbar aus dem jüdischen Glauben; vielmehr gehörten die jüdischen Widerstandskämpfer in Duisburg sozialistischen und kommunistischen Arbeiterorganisationen an. Aus deren Zusammenhalt heraus organisierten sie ihre Aktionen gegen das Regime.

Jüdische Kommunisten verbreiteten illegale Flugschriften, unterhielten Kontakte mit dem Ausland und bekämpften vielfach auch aus dem Exil heraus die NS-Herrschaft in Deutschland. Als politische und „rassische" Gegner waren verhaftete jüdische Widerstandskämpfer besonders harten Schikanen der Gestapo ausgesetzt. Trotzdem konnte der NS-Terror ihren Widerstandsgeist nur selten brechen. Viele jüdische Kommunisten, die aus Deutschland flüchteten, kämpften im Spanischen Bürgerkrieg gegen Franco oder später in den alliierten Armeen gegen Hitler. *(AP)*

Abb. 52 Gedenktafel für das Judenhaus in der Baustraße 34 in Meiderich

Im Vorfeld der Deportationen – Die Zwangsumzüge in sogenannte Judenhäuser

Bereits nach dem Novemberpogrom 1938 gab es Bestrebungen, jüdische Mieter aus Wohnhäusern in „arischem Eigentum" zu verdrängen. Das „Gesetz über Mietverhältnisse mit Juden" von Ende April 1939 setzte den Mieterschutz für Juden faktisch außer Kraft. Jüdische Mieter waren in Häusern jüdischer Eigentümer zu „konzentrieren". Sehr beengte Wohnverhältnisse in diesen „Judenhäusern" waren die Folge. Der Hausrat musste meist auf ein Minimum verkleinert werden. In die verlassenen Wohnungen zogen „arische" Mieter, das zurückgelassene Mobiliar wurde vielfach versteigert.

In Duisburg bestimmte das Polizeiamt die Zwangsumzüge in die „Judenhäuser", die auch im Kontext der geplanten „Arisierung" sämtlicher „jüdischer" Immobilien zu sehen sind. Bekannt sind in Duisburg südlich der Ruhr elf offizielle „Judenhäuser", in den Stadtteilen Meiderich und Marxloh ist jeweils eines belegt. Doch aus den Berichten Überlebender lassen sich weitere „inoffizielle" Adressen hinzufügen: Wahrscheinlich wurden Duisburger Juden noch kurz vor ihrer Deportation zum Umzug gezwungen und weitere Häuser zum „Judenhaus" erklärt.

Der zwangsweise Umzug in ein „Judenhaus" war ein weiterer Schritt der systematischen Ausgrenzung und Diskriminierung der jüdischen Bevölkerung. Alte Nachbarschaften wurden zerstört, Familien teilweise mit wildfremden Menschen zusammen einquartiert. Es war ein weiterer Schritt auf dem Weg zur totalen Entrechtung der Juden.

Adressen der offiziell genannten „Judenhäuser":
Charlottenstraße 29
Düsseldorfer Straße 11
Fuldastraße 1
Hohe Straße 29
Klosterstraße 47
Lotharstraße 14b
Lotharstraße 100
Mainstraße 50
Neckarstraße 50
Pappenstraße 3
Poststraße 19
Baustraße 34/36 (Meiderich)
vermutlich auch: Hagedornstraße 32 (Marxloh)

„Evakuierung nach dem Osten" – Die Deportationen der Juden

Bis zum Erlass des Auswanderungsstopps am 23. Oktober 1941 waren viele Juden im Deutschen Reich noch ins Ausland emigriert beziehungsweise geflohen. Kurz darauf

Abb. 53 Güterbahnhof Düsseldorf-Derendorf, 1929

Abb. 54 Schlachthof Düsseldorf-Derendorf, um 1920

begannen die Großdeportationen in die Ghettos, Konzentrations- und Vernichtungslager im „Osten" – dem besetzten Polen, dem Baltikum, der Ukraine und Weißrusslands. Zu diesem Zeitpunkt lebten in Duisburg weniger als 800 Juden.

Aus dem Regierungsbezirk Düsseldorf ging am 27. Oktober 1941 ein erster Transport nach Łódź (Polen) – mit 1.007 Männern, Frauen und Kindern, unter ihnen 50 Personen aus Duisburg. Die „zur Evakuierung vorgesehenen Juden" hatten sich einen Tag zuvor im Schlachthof Düsseldorf-Derendorf zu versammeln, der Personenzug fuhr vom nahegelegenen Güterbahnhof ab. Von hier folgte am 11. Dezember 1941 die nächste Deportation mit über 1.000 Personen nach Riga (Lettland). Mit 170 Personen umfasste dieser Transport die größte Gruppe Duisburger Juden von allen Deportationen.

Im April und Juni 1942 gab es weitere Transporte nach Izbica (bei Lublin, Polen), am 25. Juli 1942 nach Theresienstadt (im heutigen Tschechien): Damit war die jüdische Gemeinde Duisburg praktisch ausgelöscht. Die wenigen noch verbliebenen Juden wurden seit 1943 nach Auschwitz (Polen) oder ebenfalls nach Theresienstadt deportiert, zuletzt am 25. Februar 1945. Für diese meist kleineren Transporte hielten die Züge der Deutschen Reichsbahn am Duisburger Hauptbahnhof; hier mussten die Betroffenen in die nur kurz haltenden Sonderzüge oder in fahrplanmäßige Züge mit Sonderabteilen zusteigen.

Die Organisation der Deportationen aus Duisburg

Die für den Transport bestimmten Personen waren in Listen erfasst. Kurz vor der Deportation erhielten sie die Mitteilung über den Zeitpunkt des „Evakuierungstransports", Art und Gewicht des Gepäcks, über die Höhe des „Reisegeldes" und ein Formular zur Erfassung ihres Restvermögens. In Duisburg mussten sie sich am vorgesehenen Tag am jüdischen Gemeindehaus in der Junkernstraße einfinden – auf der linken Brustseite ihrer Kleidung der seit September 1941 vorge-

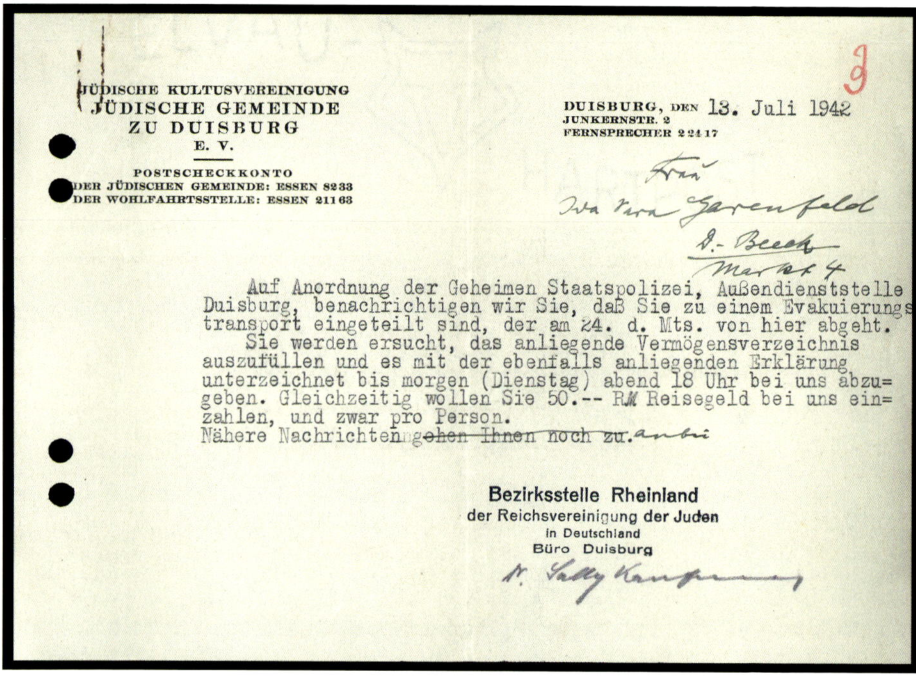

JÜDISCHE KULTUSVEREINIGUNG
JÜDISCHE GEMEINDE
ZU DUISBURG
E. V.

POSTSCHECKKONTO
DER JÜDISCHEN GEMEINDE: ESSEN 8233
DER WOHLFAHRTSSTELLE: ESSEN 21163

DUISBURG, DEN 13. Juli 1942
JUNKERNSTR. 2
FERNSPRECHER 22417

3

Frau
Ida Sara Garenfeld
D.-Beeck
Markt 4

Auf Anordnung der Geheimen Staatspolizei, Außendienststelle Duisburg, benachrichtigen wir Sie, daß Sie zu einem Evakuierungstransport eingeteilt sind, der am 24. d. Mts. von hier abgeht.
Sie werden ersucht, das anliegende Vermögensverzeichnis auszufüllen und es mit der ebenfalls anliegenden Erklärung unterzeichnet bis morgen (Dienstag) abend 18 Uhr bei uns abzugeben. Gleichzeitig wollen Sie 50.-- RM Reisegeld bei uns einzahlen, und zwar pro Person.
Nähere Nachrichten ~~gehen Ihnen noch zu.~~ anbei

Bezirksstelle Rheinland
der Reichsvereinigung der Juden
in Deutschland
Büro Duisburg

i. V. Sally Kaufmann

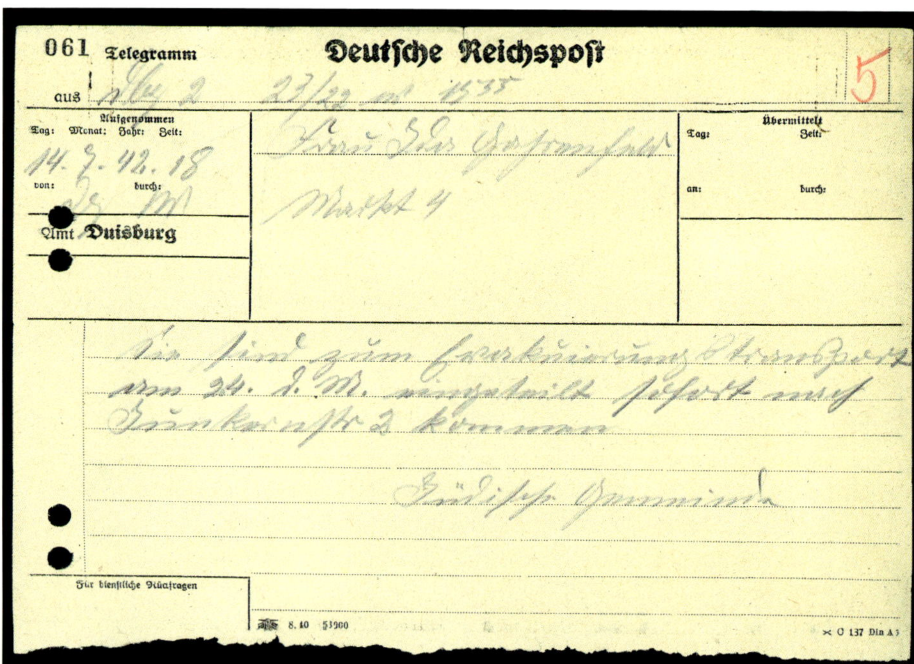

061 Telegramm
Deutsche Reichspost

5

aus Dbg 2 23/22 ... 1535

Aufgenommen
Tag: Monat: Jahr: Zeit:
14. 7. 42. 18
von: durch:

Amt Duisburg

Frau Ida Garenfeld
Markt 4

Übermittelt
Tag: Zeit:
an: durch:

Sie sind zum Evakuierungstransport am 24. d. M. eingeteilt sofort nach Junkernstr 2 kommen

Jüdische Gemeinde

Für dienstliche Rückfragen

8. 40 53900

C 137 Din A 5

schriebene Judenstern. Sollte der „Evakuierungstransport" – wie die Deportationen im Herbst/Winter 1941 und Juni 1942 – vom Güterbahnhof Düsseldorf-Derendorf abgehen, wurden die Betroffenen in fahrplanmäßigen Personenzügen vom Duisburger Hauptbahnhof nach Düsseldorf gebracht. In streng bewachten Kolonnen wurden sie vom Düsseldorfer Hauptbahnhof fünf Kilometer zu Fuß in das Sammellager Schlachthof Derendorf geführt. Hier verbrachten sie die letzte Nacht vor dem Abtransport in nur notdürftig mit Wasser abgespritzten Räumen, in Nässe und Gestank nach werktags erfolgtem Schlachtbetrieb. Bei späteren, meist kleineren Transporten mussten sie am Duisburger Hauptbahnhof in die Sonderzüge oder Sonderwaggons der Reichsbahn zusteigen.

In Vorbereitung der Deportationen verpflichtete die Gestapo die Jüdischen Gemeinden zu „Hilfsdiensten". Wie im Fall der Deportation nach Theresienstadt im Juli 1942 belegt, verschickte die Jüdische Gemeinde Duisburg die Aufforderungen zur „Evakuierung in den Osten". Sie sammelte die Vermögenserklärungen mit detaillierter Auflistung aller

Abb. 57 Bahnhof Duisburg, um 1937

Abb. 55 (linke Seite, oben) Die bevorstehende Deportation: Schreiben an die Duisburgerin Ida Garenfeld vom 13. Juli 1942

Abb. 56 (linke Seite, unten) Am 14. Juli 1942 schickt ihr die Jüdische Gemeinde ein Telegramm: „Sie sind zum Evakuierungstransport am 24. d.[es] M.[onats] eingeteilt[,] sofort nach Junkernstraße 2 kommen."

Wertgegenstände ein und hatte diese zusammen mit den Namenslisten und dem Geld „gebündelt“ bei der Gestapo Duisburg abzuliefern. *(AL)*

Abb. 58 Postkarte von Ida Garenfeld aus Theresienstadt. Dort stirbt sie am 9. Juni 1943.

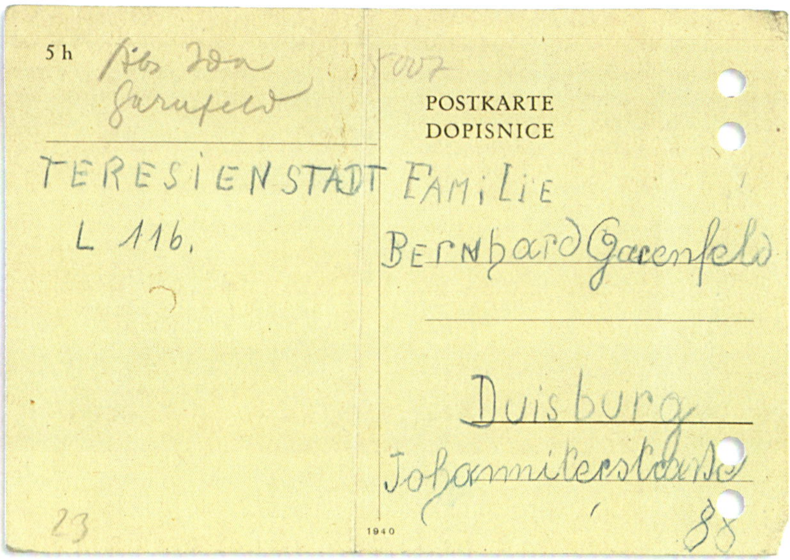
5 h
Abs Ida Garenfeld
TERESIENSTADT
L 116.
POSTKARTE
DOPISNICE
FAMILIE
Bernhard Garenfeld
Duisburg
Johanniterstraße
88
1940

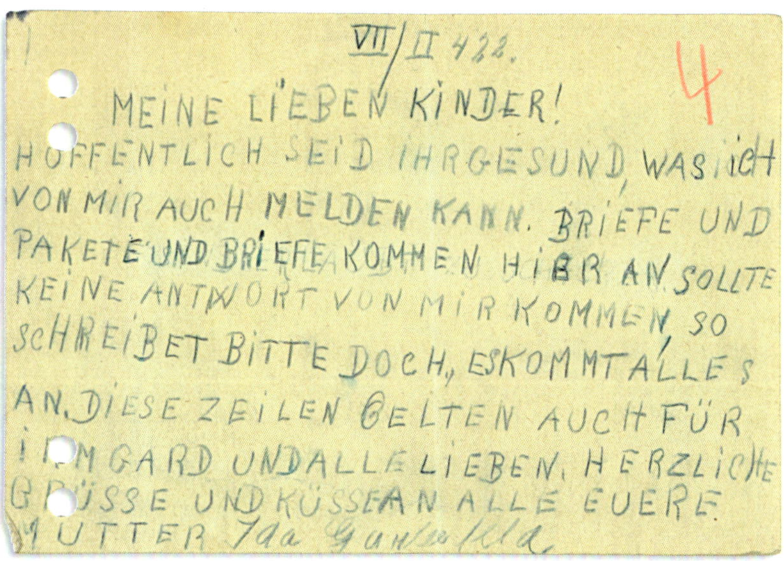
VII/II 422.
MEINE LIEBEN KINDER!
HOFFENTLICH SEID IHR GESUND, WAS ICH VON MIR AUCH MELDEN KANN. BRIEFE UND PAKETE UND BRIEFE KOMMEN HIER AN SOLLTE KEINE ANTWORT VON MIR KOMMEN, SO SCHREIBET BITTE DOCH, ES KOMMT ALLES AN. DIESE ZEILEN GELTEN AUCH FÜR IRMGARD UND ALLE LIEBEN. HERZLICHE GRÜSSE UND KÜSSE AN ALLE EUERE MUTTER Ida Garenfeld
4

Biografie **Familie Sonnenberg**

Schewa-Szewa Sonnenberg, geb. Singer,
*15. Januar 1867 in Łańcut, Galizien / Polen
Leo-Leizer Sonnenberg, *8. Juli 1894 in Łańcut, Galizien / Polen
Dina Sonnenberg, geb. Steiner, *16. Juli 1900 in Rzeszów, Polen
Toni Sonnenberg, *18. Juni 1924 in Duisburg
Mirjam Sonnenberg, *18. September 1925 in Duisburg
Lea Sonnenberg, *22. August 1930 in Duisburg
Rachela Sonnenberg (?), *23. Dezember 1937 in Amsterdam

Die ostjüdische Wäschenäherin Schewa Sonnenberg kam 1910 mit ihrem Mann aus Galizien nach Duisburg, wo sie 1923 eine Wohnung an der Dellstraße bezogen. Mehrere Söhne zogen in den folgenden Jahren nach; sie arbeiteten als Kleinkaufleute und Handlungsreisende.

Leo (Leizer) Sonnenberg, einer der Söhne, versuchte frühzeitig, noch bevor die Übergriffe, Anfeindungen und massiven Ausgrenzungen gegen Juden „legalisiert" wurden, sich und seine Familie in Sicherheit zu bringen. Mit seiner Frau Dina und den drei Töchtern wanderte er im Herbst 1932 in die Niederlande aus. Offenbar hatte die Familie in Amsterdam ein neues Zuhause gefunden. Und vielleicht war die im Dezember 1937 geborene Rachela Sonnenberg der jüngste

Abb. 59 – 61 (v.l.n.r.) Dina Sonnenberg-Steiner, Leo-Leizer Sonnenberg, Toni Sonnenberg

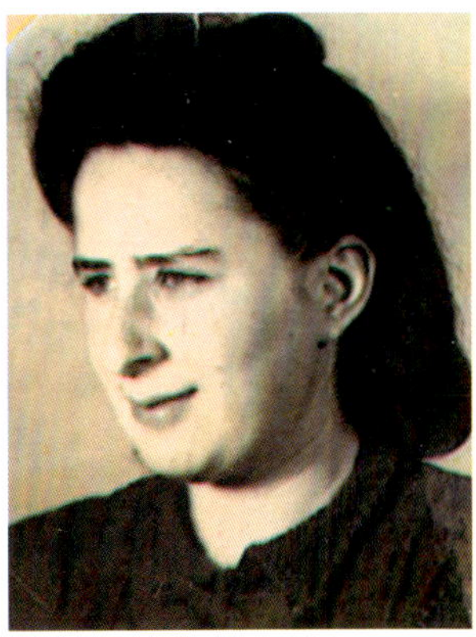

Abb. 65 (rechte Seite) Stolpersteine für die Familie Sonnenberg, Dellstraße 14

Spross dieser Familie – sie wurde unter derselben Amsterdamer Adresse gemeldet. Im Mai 1938 emigrierte (oder floh) auch Schewa Sonnenberg nach Amsterdam. Doch die Sicherheit währte nur bis zur Besetzung der Niederlande durch deutsche Truppen im Mai 1940.

Dina Sonnenberg und ihre Töchter wurden am 1. September 1942 in das holländische Durchgangslager Westerbork gebracht, drei Tage später nach Auschwitz deportiert und offenbar sofort getötet. Ihr Todesdatum ist wie das von Rachela der 7. September 1942.
Sicher ist, dass sich Leo Sonnenberg noch einige Zeit der Verhaftung entziehen konnte, aber auch er kam Ende November 1943 nach Westerbork, wurde am 8. Februar 1944 nach Auschwitz deportiert und am 11. Februar 1944 ermordet.

Die 76-jährige Schewa Sonnenberg wurde am 20. Juli 1943 über Westerbork in das Vernichtungslager Sobibór deportiert. Als ihr Todesdatum ist der 23. Juli 1943 vermerkt. *(AL)*

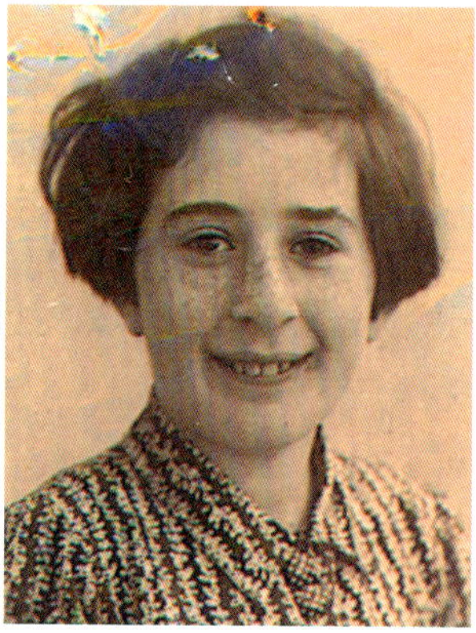

Abb. 62 – 64 (v.l.n.r.) Schewa-Szewa Sonnenberg-Singer, Lea Sonnenberg, Mirjam Sonnenberg

HIER WOHNTE
LEO SONNENBERG
JG. 1894
FLUCHT 1932 HOLLAND
INTERNIERT 1943 WESTERBORK
DEPORTIERT
ERMORDET IN
AUSCHWITZ
HIER WOHNTE
DINA SONNENBERG
GEB. STEINER
JG. 1900
DEPORTIERT 1942
ERMORDET 1942 IN
AUSCHWITZ
HIER WOHNTE
TONI SONNENBERG
JG. 1924
FLUCHT HOLLAND
INTERNIERT 1942 WESTERBORK
DEPORTIERT
ERMORDET 1942 IN
AUSCHWITZ
HIER WOHNTE
MIRJAM SONNENBERG
JG. 1925
DEPORTIERT 1942
ERMORDET 1942 IN
AUSCHWITZ
HIER WOHNTE
LEA SONNENBERG
JG. 1930
FLUCHT HOLLAND
INTERNIERT 1942 WESTERBORK
DEPORTIERT
ERMORDET 1942 IN
AUSCHWITZ
HIER WOHNTE
SCHEWA SONNENBERG
GEB. SINGER
JG. 1867
FLUCHT 1938 HOLLAND
INTERNIERT 1943 WESTERBORK
DEPORTIERT 1943
SOBIBOR
ERMORDET

Emigration, Flucht oder Untertauchen

Zwischen 1933 und 1939 ging die Zahl der jüdischen Einwohner Duisburgs von knapp 2.500 auf etwa 830 zurück. Die meisten Juden konnten noch emigrieren oder besser: vor dem Terrorregime fliehen. Glücklich konnte sich schätzen, wer für sich und seine Familie Visa etwa für Palästina, die Vereinigten Staaten, Argentinien, Brasilien, Chile oder

Abb. 66 Gerda (*1916) und Ilse (*1918) Klestadt aus Duisburg – 1939 nach England, von dort nach Kapstadt bzw. New York emigriert

Südafrika erhielt. Doch trotz ausgestellter Ausreisepapiere behinderten staatliche Behörden oder die Gestapo allzu oft die Ausreise oder verweigerten die Herausgabe der Pässe. Häufig trennten sich Familien von einem oder mehreren ihrer Kinder und schickten sie zu Verwandten oder Bekannten ins Ausland. Familien wurden auseinandergerissen und über die ganze Welt verteilt.

Viele aber zögerten, ihre Heimat zu verlassen. Als am 23. Oktober 1941 ein endgültiger Auswanderungsstopp erlassen wurde, war eine legale Ausreise nicht mehr möglich. Doch auch die europäischen Nachbarstaaten wie die Niederlande oder Frankreich erwiesen sich mit Beginn der deutschen Besetzung als Fallen. Viele der Geflüchteten wurden hier verhaftet, interniert und über die Durchgangslager Westerbork (Niederlande), Drancy und Gurs (Frankreich) in die Konzentrationslager deportiert.

Waren alle Wege versperrt, versuchten manche, im Versteck zu überleben. Dazu jedoch brauchten sie Unterstützung von außen: Jemand musste ein „sicheres" Versteck zur Verfügung stellen, den oder die Untergetauchten mit Lebensmitteln versorgen und im Notfall medizinische Hilfe ermöglichen – ein gefährlicher Weg nicht nur für die Verfolgten, sondern auch für die Eingeweihten. Ein Beispiel mit positivem Ausgang ist für Duisburg belegt. *(AL)*

Biografie **Leon Jessel**

Leon Jessel, *25. Juni 1918 in Duisburg

Leon Jessel wuchs in Duisburg-Wanheim auf und besuchte das Steinbart-Gymnasium im Dellviertel. Wie so viele jüdische Schülerinnen und Schüler wurde auch er von Mitschülern beschimpft und verprügelt. Manche Lehrer beließen es nicht bei den üblichen Drangsalierungen und gaben unabhängig von der Leistung schlechte Noten.

Seine Lehrstelle in einer Lederfabrik in Offenbach (seit 1936) wurde ihm am 8. oder 9. November 1938 gekündigt. Er hoffte, sich in der größeren Stadt Frankfurt besser verstecken zu können, doch aus Angst vor Judenkontrollen am Bahnhof blieb er in Offenbach. Er lief tagelang durch die Straßen und wollte sich bei seiner Tante verstecken. Dort wurde er aber von der Gestapo festgenommen und anschließend in das Konzentrationslager Buchenwald bei Weimar deportiert. Es folgten Misshandlungen, Mangelernährung und Krankheit; um ihn herum starben Mitgefangene. Bis Anfang 1939

Am 9. Januar 1946 verschied in London (England) unser geliebter Vater, Schwiegervater, Grossvater, Urgrossvater, Schwager und Onkel

Herr Louis Heilborn

(früher Nürnberg)

im 84. Lebensjahr.

Im Namen der Hinterbliebenen:

Alfred und Hansi Dahlsheimer
geb. Heilborn
7, Fairview Way
Edgware, Middx., England
Wilhelm und Irma Rosenblatt
geb. Heilborn
27, Bridge Lane
London, N. W. 11, England
Sidney und Else Simon
geb. Heilborn
1524 Bathurst Street
Toronto, Ont., Canada

Wir erhielten die traurige Nachricht, dass unsere geliebte Mutter

Helma Rogosinski

geb. Brann, aus Breslau sowie unser geliebter Bruder

Rudlof Rogosinski

in Theresienstadt bezw. Auschwitz verstorben sind.

In tiefem Schmerz:
Else Rogosinski, geb. Rösler, und Kinder
Breslau
Dr. Werner und Erna Rogosinski, geb. Raffael, und Peter
39 Queens Terrace
Newcastle-on-Tyne
England
Dr. Curt und Liesel Rogosinski, geb. Piotrowski, 676 34th St.
Des Moines, Iowa, US
J. Friedrich und Lotte Schoeps, geb. Rogosinski
39 Chesterton Road
Cambridge, England

Teile allen Verwandten und Freunden mit, dass niemand mehr seit Mitte 1942 von meiner Schwester und meinem Schwager

Herrn

Siegfried Waldmann

und Frau

Ruth, geb. Jessel

(fr. Mainz, Duisburg)

etwas gehört hat. Sie wurden im Mai 1942 nach Piaski/Lublin deportiert.

LEON JESSEL
12, Pool Street
Walsall/Staffs
England

Tieferschüttert teilen wir mit, dass meine lb. Frau, unsere gute Mutter, Schwiegermutter, Grossmutter, Schwester und Tante, Frau

Emma Stern

geb. Gutenstein
(fr. Homburg, Saar)

uns in fast vollendetem 64. Lebensjahr plötzlich entrissen wurde.

Moritz Stern
Lucy Joseph, geb. **Stern**
Lothy Levy, geb. **Stern**
(Forbach)
Walter Joseph
Adolf Levy (Forbach)
René Levy (Forbach)
Geschwister, Florida, London, New York
21. Januar 1946
Buen. Aires-Florida, F.C.C.A.
Calle Avellaneda 1465

Durch meinen Onkel, Herrn Robert Jessel, Gelsenkirchen, Schwindstrasse Nr. 18, erhielt ich die traurige Nachricht, dass meine Eltern

HERR

Arnold Jessel

und

Frau Martha

geb. WOLF
(fr. Duisburg-Rhein)

nach September, 1944, von Theresienstadt nach Auschwitz, Polen, deportiert wurden und dort ums Leben gekommen sind.

LEON JESSEL
12, Pool Street
Walsall/Staffs
England

Am 8 Feb. 1946 verschied nach schwerem Leiden im Alter von 68 Jahren unsere geliebte und unvergessliche Frau, Mutter, Grossmutter und Urgrossmutter

SOSIA BÖHM

geb. Ginsberg (fr. Wien).
Wolf Böhm, 1348 Sheridan Ave., Bronx, N. Y
Auguste und Emanuel Gottlieb
Max und Lea Bohm
sowie Enkel und Urenkel

Wir haben die traurige Gewissheit erhalten, dass unsere lieben Eltern, Schwiegereltern und Grosseltern

Moses Gottschalk

und

Frieda Gottschalk

geb. Goldbach
(früher Osnabrück)

bereits vor Jahren in Theresienstadt gestorben sind.

In tiefer Trauer:
Emil Gottschalk und Frau Friedel, geb. Schwerin
Aufenthalt unbekannt
Siegfried Gottschalk u. Frau Blanca, geb. Marx
Max Gottschalk u. Frau Ruth, geb Vohs
515 Avon Avenue
Newark 8, N. J.

Am 15. Februar erlöste ein sanfter plötzlicher Tod meinen geliebten Mann, unseren guten Vater, Schwiegervater und Grossvater

Leopold Rosenthal

(früher Breslau)

im Alter von 71 Jahren von seinem schweren Leiden.

In tiefem Schmerz:
Alma Rosenthal, geb. Posner,
213 E. 96. Str., New York 28, N.Y.
Familie Edmund Weissbart,
108 E. 96. Str., New York 28, N.Y.
Herta Kariel und Töchter,
Tel Aviv, Hajarkon, 92
Ernst und Edit Rosenthal,
Khartoum, P. O. B. 215

Wir erhielten die traurige Gewissheit, dass unsere geliebten Eltern, Schwager und Schwester

Dr. Joseph Schaeler u. Elisabeth

geb. Brunner (fr. München)

in der Nacht vom 16. zum 17. März 1943 in den Gaskammern von Auschwitz den Märtyrertod starben.

Hannah Schaeler
Buchanan Hotel, East Suffolk Road,
Edinburgh, Scotland
Albert M. Schaeler
12 Carter Street, Providence 7, R. I.
Frederick H. Brunner und Frau Edith, geb. Badrian
999 Webster Avenue, New Rochelle, N. Y.

Tieferschüttert bringen wir allen Verwandten und Freunden die traurige Nachricht, dass auch unser Bruder und Schwager

JAKOB WEGLEIN

(früher Würzburg)

im K.-Z. Buchenwalde seinem grausamen Schicksal nicht entrinnen konnte. Kurz vor der Befreiung traf ihn eine Bombe.

Leo Weglein, Av. Ecuador 53 - casa 6, Valparaiso, Chile
Max Grünfeld, London

Erst jetzt haben wir die traurige Gewissheit erlangt, dass unsere innig geliebte Mutter, Frau

Bertha Luft

geb. Landshoff
(aus Hamburg, später Essen-Ruhr)

nach mutig ertragenen Leiden am 13. Januar 1943 in Theresienstadt verstorben ist.

Mein einziger Bruder

Walter Luft

(früher Essen-Ruhr)

hatte sich freiwillig in den Kampf gegen Faschismus und Tyrannei eingereiht und ist schon am 29. August 1940 in Südfrankreich ums Leben gekommen.

Sein Andenken wird uns ein Vorbild bleiben.

Herbert G. Luft und Frau Paula, geb. **Feuer**
111 South Manhattan Pl.
Los Angeles 4, Calif.

Allen Verwandten, Freunden und Bekannten geben wir die traurige Nachricht, dass mein lieber Mann, herzensguter Vater, Bruder Schwager und Onkel

Bernhard Krieg

(Berlin, Amsterdam)

im Alter von 26 Jahren nach mutig ertragenem Leiden in Bergen-Belsen am 23. Sept. 1945 nach seiner Rückkehr in Holland an den Folgen der im Konzentrationslager erlittenen Qualen gestorben ist.

Es war uns leider nicht vergönnt, ein neues Leben in der Freiheit aufzubauen.

Tilla Krieg, geb. **Merwitzer-Gruenberg**, Bergen-Belsen
Amsterdam
Dintelstraat 130/II
Marion Krieg
Erich und Hanni Posner
geb. **Krieg**, **Shanghai**
Hermann Gruenberg
Amsterdam
Dintelstraat 130/II

Am 2. Feb. 1945 verstarb in Rio de Janeiro im 83. Lebensjahr mein lieber Mann, unser guter Vater, Schwiegervater und Grossvater

MAX HESS (fr. Darmstadt)

nach kurzem, schweren und mit grösster Geduld ertragenen Leiden

Im Namen der Hinterbliebenen:
Betti Hess, geb. **Ullmann**
Dr. Karl Hess u. Frau Frieda, geb **Ranis**, Rio de Janeiro, Rua Prudente de Moraes 382, Apt. 201
Walter Schmuckler und Frau Anni, geb. **Hess**, Haifa, Achusa, Maneh Hill 10
Hans Schmuckler
Kurt Oppen, Geraldo Hess

Am 3. Januar 1946 ist plötzlich und unerwartet mein innigst geliebter Mann, unser guter Vater, Grossvater, Onkel, Schwager und Schwiegervater

OSKAR MENCZEL

im Alter von 54 Jahren in Shanghai gestorben.

Fanny Menczel
Shanghai
David, Edith und Jean Michael Seidman
Cpt. und Mrs. Weingeist
Joe und Magda Meisels
Sima Draxler
Marcus Seidman

Wir beklagen den Tod unserer lieben Mutter u. Grossmutter, Frau

Bertha Pick

geb. Loose
(fr. Königsberg, Pr.)

die im Alter von 65 Jahren am 27. März 1944 in Kowno ein Opfer der Nazis wurde.

Klaus und Edith Pick
geb. **Leffkowitz**
71, Hillside Gdns.
Edgware, Middx.
Herbert u. Helene Heitmann
geb. **Pick**
Berlin-Friedenau
und drei Enkelkinder

Erst heute erhielten wir die traurige Nachricht, dass unsere liebe Mutter, Frau

DOROTHEA MARCZAK
geb. Gerber (fr. Berlin)

1945 in Theresienstadt verschieden ist.

Unser lieber Bruder
FRITZ MARCZAK
und unsere liebe Schwägerin
LUCIE MARCZAK
geb. Levy

fanden den Tod 1944 in Auschwitz.

Otto Rosenbluth u. Frau Grete, geb. **Marczak**
523 Norway Avenue
Cincinnati 29, Ohio
Walter Marczak
3508 Colonial Street
Montreal, Canada

Wir erhielten die traurige Nachricht, dass unsere gute Mutter, Schwester, Schwägerin und Tante

EDITH SCHULZ

geb. Anker

in Danzig im Jahre 1945 an Typhus gestorben ist.

Gleichzeitig erfuhren wir, dass ihr Mann, unser guter Vater, Schwager und Onkel

FRANZ SCHULZ

im Kriege vermisst ist.

Von unserer geliebten Mutter, **ELSE ANKER, geb. Friedlaender**, unserer Schwester **LORE SZENBERG, geb. Anker**, und unserem Schwager **JOSEF SZENBERG**, Warschau, fehlt leider jede Spur.

In tiefem Schmerz:
URSULA SCHULZ
Bromley, Kent, England
MARIANNE SCHULZ
zur Zeit Berlin
MARGARETE ANKER
San Francisco
FRITZ und DORA ANKER und Familie
Tel-Aviv
ILSE WILKINSON, geb. Anker, und Familie
Loughborough, England
BERNHARD und AGNES ANKER, und Familie
914 Sycamore, Modesto, Calif.

Am 8. Februar 1946 e schlief plötzlich und un wartet unser geliebter B der und Onkel

JULIUS LOE

(früher Bruchsal)

In tiefer Trauer:
Bertha Loeb
Rosl Mansbach
geb. Loeb
(fr. Bruchs
Baden)
Leonard C. C
und Frau,
geb. Stiefel
4649 Greenwood Ave.,
Chicago 15, Ill.

Am 16. Februar 1945 ve schied im 79. Lebensjahr u sere liebe Mutter, Schwieg mutter, Grossmutter, Schw ster und Tante

Babette Weinberge

geb. Lichtstern
(fr. Wüstensachsen)

Emilie Levi,
geb. Weinberger
Arnlod und Alma Blu
geb. Weinberger
Milton und Selma Wei berger, geb. Bachara
Hermann Weinberger
David und Hilde Seidenberg,
geb. Weinberger
8 Enkelkinder
248 Audubon Avenue
New York 33, N. Y.

Unseren Verwandten und Freunden die traurige Nachricht, dass unser Gatte, Söhne, Brüder, Onkel, Neffen, Nichte

Dr. Szymon Nichtberger
(Plock, Polen)
Max u. Susi Nichtberger und Kinder;
Ingeborg u. Bob Nichtberger
(Abbazia, Italien)
David Marcel Lilienthal
(Drancy, Frankreich)

nach Auschwitz deportiert wurden und dort in den Gaskammern ihr furchtbares Ende fanden.

In tiefem Schmerz:
Bronia Nichtberger, Polen
Sala Nichtberger
Esther Lilienthal-Nichtberger
Karoline Seid-Nichtberger
Ruth Roseman-Nichtberger u. Sohn **Peter**
Cairo 13, Sheriff Pasha St.
Emil Berger, fr. Nichtberger, und Frau **Rose** und Söhne **Marshall Berger und Heinz-David Nichtberger**
Pittsburgh und Palästina
Leopold Nichtberger
Max Nichtberger und Frau Rosel, Palästina

Am 15. Februar en schlief sanft unsere geliebt Mutter, Grossmutter un Urgrossmutter

Agathe Fischbein

geb. Feldberg

om achtzigsten Lebensjah

Vilma und
Walter Kristeller
Dorothea und
Winfried Oppenheim
Lotte und
Frank Kristeller
3 Urenkel
28 Trenor Drive
New Rochelle, N. Y.

Schmerzerfüllt geben wir das Ableben des Herrn

Dr. Samuel Schneid

(fr. Wien)

bekannt, der am 14. Jänner 1946 uns plötzlich entrissen wurde.

Maria Schneid, Gattin
Juan Schneid, Sohn
Bs. Aires, Charcas 973
Alice Horti, Tochter
Fritz Horti, Schwiegersohn
Michael Horti, Enkel
Bristol, England

Meine liebe Frau, unser gute Mutter, Schwiegermu ter, Grossmutter, Frau

Emma Weber

geb. Schwarz
(fr. Wormersdorf b. Bonn)

ist nach kurzem, schwere Leiden am 6. Januar 1946 im Alter von 70 Jahren sanf entschlafen.

In tiefer Trauer:
Hermann Weber; Elli Meye geb. **Weber; Emilio Meyer**; **Marta Meyer**, geb. **Weber**; **José Meyer; Alberto Weber**; **Trude Weber**, geb. **Vorchheimer; Edita Meyer**
Buenos Aires, Zapata 286
Argentina

Mein geliebter Mann, Bruder und Schwager

Marcus H. Goldstein

ist am 7. Feb. 1946 im Alter von 56 Jahren plötzlich verschieden.

In tiefem Schmerz:
Marie Goldstein, geb. **Ladenheim**, Gattin, 259 Longfellow Ave., Bronx, N Y.
Henry Goldstein, Bruder
Anna Goldstein, Schwägerin
beide Buenos Aires, Argent.

Am 16. Februar verschied nach langem, schweren Leiden mein innigstgeliebter Mann und treusorgender Vater und Grossvater

LUDWIG NEUGEBAUER
(früher Wien).

In tiefer Trauer:
Elsa Neugebauer u. Kinder
701 W. 178th St., Apt. 23
New York 33, N. Y.

---

wurden die meisten Juden, die nach der Pogromnacht vom 9./10. November 1938 in die Konzentrationslager Buchenwald, Dachau und Sachsenhausen verschleppt worden waren, zunächst wieder entlassen. Leon Jessel kam im Januar 1939 frei, seine Entlassung bezeichnet er später als „pures Glück“. In Duisburg ermöglichte der britische Konsul seine schnelle Ausreise nach England im Februar 1939.

Abb. 67 (linke Seite) Anzeigen von Leon Jessel im „Aufbau“ (damaliger Sitz der deutsch-jüdischen Zeitung: New York), 22. Februar 1946

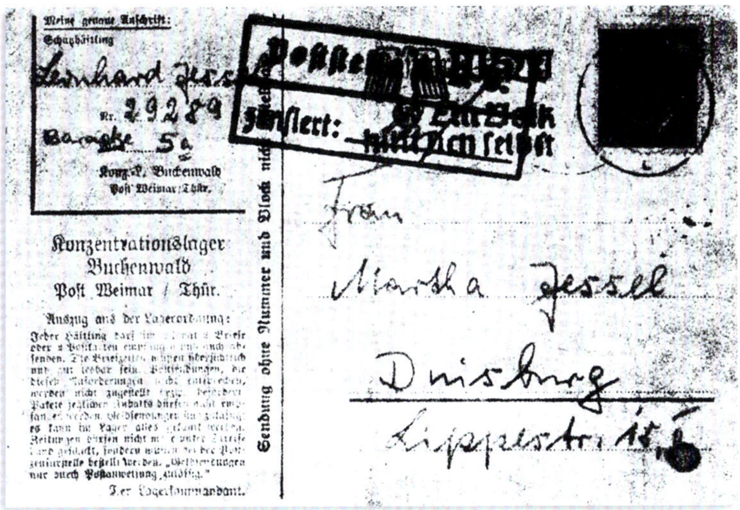

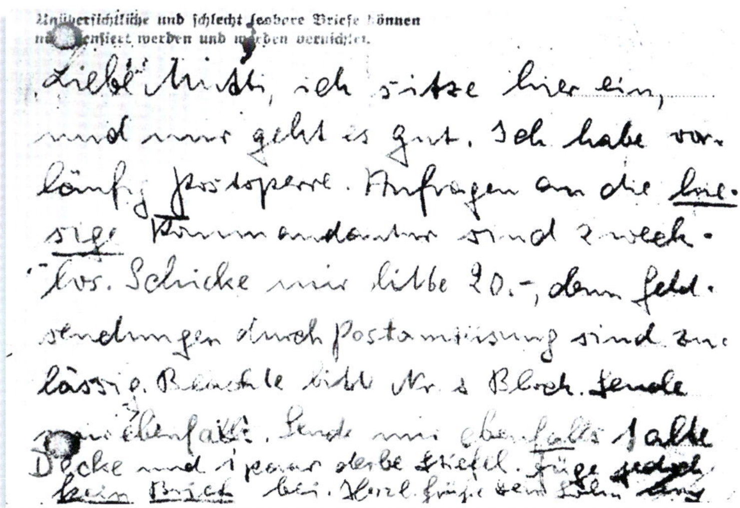

Abb. 68 Nachricht an die Mutter aus Buchenwald: Die wirklichen Verhältnisse durften nicht beschrieben werden.

Bei seinem Besuch in Duisburg im Mai 1990 sprach er davon, dass er immer noch Angst habe und ohne Begleitung nicht allein durch die Stadt gehen wolle. Leon Jessel starb am 23. März 2006 in Walsall, England.

Seine Eltern wurden am 15. Mai 1944 von Duisburg nach Theresienstadt deportiert und von dort weiter in das Vernichtungslager Auschwitz. Sie wurden am 1. November 1944 ermordet. Leon Jessels Schwester Ruth, geboren am 17. November 1911, starb am 30. September 1942 im Ghetto Pisaki / Lublin. *(AL)*

Biografie **Toni Ermann**

Toni Ermann, geb. Katzenberg, *9. April 1908 in Hamborn
Leo Ermann, *5. Februar 1899 in Holz, Kreis Saarbrücken
Mirjam Ermann, *8. Oktober 1935 in Duisburg

Toni Katzenberg, ältestes Kind der Hamborner Eheleute Salli und Ottilie Katzenberg, wohnte nach ihrer Heirat im September 1933 in Saarbrücken. In der Pogromnacht verhaftete

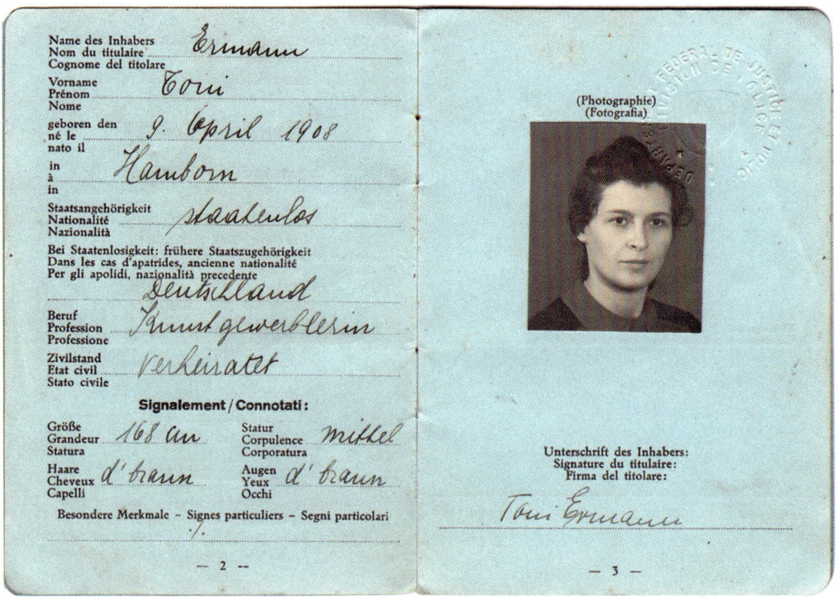
Name des Inhabers / Nom du titulaire / Cognome del titolare: Ermann
Vorname / Prénom / Nome: Toni
geboren den / né le / nato il: 9. April 1908
in / à / in: Hamborn
Staatsangehörigkeit / Nationalité / Nazionalità: staatenlos
Bei Staatenlosigkeit: frühere Staatszugehörigkeit / Dans les cas d'apatrides, ancienne nationalité / Per gli apolidi, nazionalità precedente: Deutschland
Beruf / Profession / Professione: Kunstgewerblerin
Zivilstand / Etat civil / Stato civile: verheiratet

Signalement / Connotati:

Größe / Grandeur / Statura: 168 cm
Statur / Corpulence / Corporatura: mittel
Haare / Cheveux / Capelli: d'braun
Augen / Yeux / Occhi: d'braun
Besondere Merkmale – Signes particuliers – Segni particolari: ./.

— 2 —

(Photographie) (Fotografia)

Unterschrift des Inhabers: / Signature du titulaire: / Firma del titolare:
Toni Ermann

— 3 —

Abb. 69 Flüchtlingsausweis von Toni Ermann, ausgestellt in Bern am 29. Juli 1943, jährlich verlängert bis zum 29. Juli 1948

die Gestapo ihren Mann Leo Ermann; er wurde nach Dachau deportiert. Nachdem es Toni Ermann gelungen war, eine Ausreisegenehmigung für Shanghai, China, zu bekommen, wurde ihr Mann im Dezember 1938 aus dem KZ entlassen. Die Drohung, wieder verhaftet zu werden, war jedoch allgegenwärtig. Im Februar 1939 floh Leo Ermann nach Italien und weiter über Luxemburg nach Belgien. Toni Ermann gelangte im Dezember 1939 mit der gerade vierjährigen Tochter Mirjam illegal über die belgische Grenze nach Brüssel, wo sie ihren Mann wiedertraf. Er wurde nach dem Einmarsch der Deutschen im Mai 1940 im Konzentrationslager St. Cyprien erneut interniert, konnte sich aber befreien und tauchte unter.

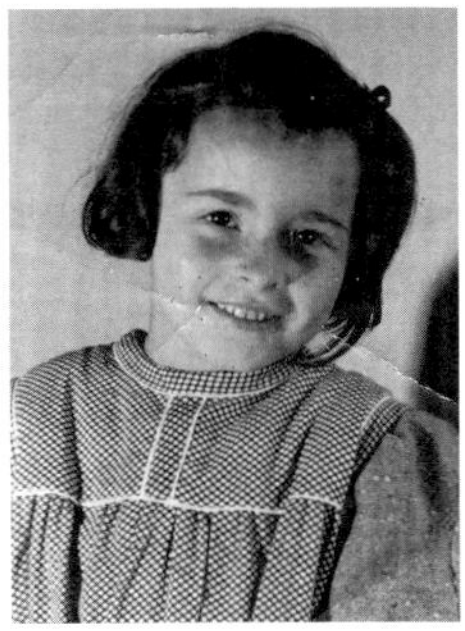

Abb. 70 Die Tochter Mirjam Ermann auf dem Foto ihres Flüchtlingsausweises

Im November 1942 glückte Leo Ermann die abenteuerliche Flucht mit Tochter Mirjam in die Schweiz. Ihnen folgte Toni mit der knapp zweijährigen Tochter Suzanne (Zuzu). Toni erkrankte, der Vater war im Arbeitslager – und Mirjam wurde mit ihrer Schwester Zuzu für drei Jahre in einem Kinderheim in Ascona untergebracht.
Nach Geburt der Tochter Enrichetta Anna begann die Familie ab Ende 1945 in der Nähe von Lugano wieder zusammenzuleben. Sie beschlossen, nach Israel auszuwandern. Am 12. Juni 1949 trafen sie in Haifa ein. Nach einer kurzen Zeit im Kibbuz Hazorea, den Tonis Schwester Liddy mitgegründet hatte, zogen sie nach Jerusalem.

Toni Ermann starb am 31. Dezember 1999 im Alter von 91 Jahren in Jerusalem. 1988 hat sie Duisburg einmal besucht. Ihre Tochter Mirjam war zuletzt 2005 in Duisburg und steht in regem Austausch mit neu gewonnenen Freunden. *(AL)*

Abb. 71 Toni Katzenberg mit ihrer Freundin Ruth und Rabbiner Neumark, 1931

Biografie **Klara Mies**

Klara (Kläre) Mies, geb. Grünspan,
*19. Januar 1897 in Toki, Galizien / Polen

Abb. 72 Klara Mies vor dem Malergeschäft ihres Mannes in Neudorf

Klara Grünspan zog 1921 von Bochum nach Duisburg und arbeitete als Verkäuferin im Kaufhaus Gebrüder Alsberg. Ein Jahr später heiratete sie den Kaufmann Alfons Mies, der mit seinem Bruder ein Tapeten- und Farbengeschäft in Duisburg-Neudorf führte. Mit dem Erlass der „Nürnberger Gesetze" 1935 galt ihre Ehe als sogenannte „privilegierte Mischehe", denn ihr Ehemann war „Arier". Dessen ungeachtet sperrte die Gestapo Klara Mies im Januar 1939 für drei Wochen ins Polizeigefängnis; einziger Grund dafür war die zufällige Namensgleichheit mit Herschel Grynspan, der im November 1938 in Paris ein Attentat auf einen deutschen Diplomaten verübt hatte – der den Nationalsozialisten willkommene Anlass für den Pogrom.

Ab September 1944 wurden auch jene Juden deportiert, die in „privilegierten Mischehen" lebten. Klara Mies entzog sich der Deportation durch Flucht: Sie versteckte sich zunächst bei entfernten Verwandten in Düsseldorf und bei der Familie ihres Schwagers in Mülheim an der Ruhr. Ab Oktober 1944 lebte Klara Mies versteckt bei der sozialdemokratischen Familie Steinfals in Duisburg-Bissingheim.
Weil Alfons Mies sich nicht von Klara scheiden ließ, wurde er im Dezember 1944 als „jüdisch Versippter" zur Zwangsar-

beit in ein Arbeitslager in Blankenburg im Harz verschleppt. Kurz vor Kriegsende wurde er dort „entlassen". Das Ehepaar Steinfals versteckte und versorgte Klara Mies bis zur Befreiung. Im Januar 1946 schrieb Klara Mies: „Daß ich heute noch lebe, verdanke ich nur der Familie Steinfals; denn sie haben größtes Verständnis meiner verzweifelten Lage entgegengebracht und mich ohne Lebensmittelkarten von dem wenigen, das sie besaßen, durchgeschleppt. Nach dem Einmarsch der alliierten Truppen durfte ich wieder auf die Straße gehen und wurde von meiner Qual erlöst."

Klara Mies blieb auch nach 1945 in Duisburg und engagierte sich beim Wiederaufbau der Jüdischen Gemeinde; von 1956 bis 1965 leitete sie einen jüdischen Frauenverein. Sie starb am 10. Oktober 1990 im Alter von 93 Jahren. *(RH)*

Die Kindertransporte nach England

Nach dem Novemberpogrom 1938 entschied sich Großbritannien, jüdische Kinder aus dem Deutschen Reich und dem „Reichsprotektorat Böhmen und Mähren" (Tschechien) aufzunehmen. Dem vorausgegangen war das Engagement von

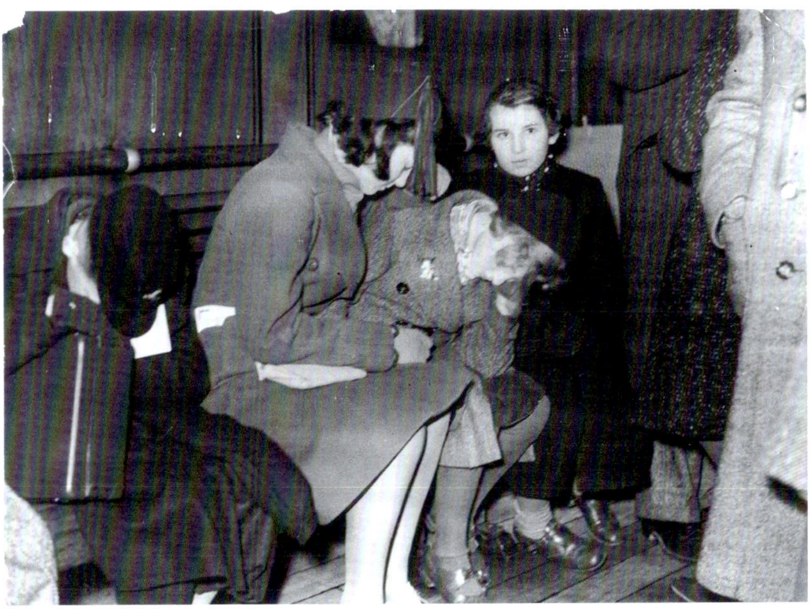

Abb. 73 Übermüdete Flüchtlingskinder aus Deutschland bei ihrer Ankunft in der englischen Hafenstadt Harwich, Dezember 1938

Abb. 74 Erinnerung an die Kindertransporte: Denkmal des Künstlers Frank Meisler in London

Abb. 75 Sammelunterkunft in Harwich, England, Dezember 1938. Von hier aus kamen die Kinder in eine Pflegefamilie oder in ein Heim.

Organisationen und einzelnen Persönlichkeiten. Die britische Regierung lockerte hierfür die Einwanderungsbestimmungen: Jüdische Kinder unter 18 Jahren durften einwandern, sofern eine Gastfamilie oder eine gemeinnützige Organisation für die Aufnahme und Versorgung des Kindes garantierte. Die deutschen Behörden machten wiederum strikte Vorgaben für das Gepäck; Geld und Wertgegenstände sollten nicht ins Ausland gelangen. Ein Koffer, ein Foto und 10 Reichsmark sollten genügen – Spielsachen und Bücher waren verboten.

Meist fuhren die Kinder mit dem Zug von ihren Heimatbahnhöfen aus in die niederländische Küstenstadt Hoek van Holland. Von dort gelangten sie mit einer Fähre in die englische Hafenstadt Harwich. Für die Kinder wie für die Eltern war der Abschied meist ein traumatisches Erlebnis. Vor allem die jüngeren Kinder verstanden den Grund der Ausreise oftmals nicht. Wie es den Kindern und Jugendlichen erging, war abhängig von den Lebensverhältnissen in den Gastfamilien und Heimen. Einsamkeit und Fremdheit waren für viele Kinder zentrale Erfahrungen.
Der Beginn des Zweiten Weltkriegs markiert den Wendepunkt der Rettungsaktion. Der Krieg machte weitere Transporte unmöglich, und in England wurden ab 1940 über 16-jährige Flüchtlinge mit deutscher Staatsangehörigkeit als „feindliche Ausländer" interniert und zum Teil nach Australien und Kanada verschifft.

Mit den Kindertransporten konnten rund 10.000 Kinder gerettet werden, darunter mindestens zwölf Kinder aus Duisburg. Häufig sahen die Kinder ihre Eltern nie wieder, weil diese selber der Verfolgung nicht entkommen konnten. An dem Gelingen der Rettungsaktion waren zahlreiche Helfer und Helferinnen in Deutschland und in England beteiligt.

(RH)

Biografie **Walter Kaufmann**

Walter Kaufmann, *19. Januar 1924 in Berlin

Abb. 76 Walter Kaufmann bei seiner Bar-Mizwa-Feier, Januar 1937. An diesem Tag wurde er vollwertiges Mitglied der Synagogengemeinde.

Walter Kaufmann, Adoptivsohn von Johanna und Dr. Sally Kaufmann, des letzten Vorsitzenden der liberalen jüdischen Gemeinde, war Schüler am Steinbart-Gymnasium. Er wohnte mit seiner Familie am Kaiserberg in Duisburg-Duissern. Als die antisemitischen Schikanen am Steinbart-Gymnasium zunahmen, wechselte er auf eine jüdische Schule in Düsseldorf. Im Januar 1939 schickten ihn seine Eltern gegen seinen Willen mit einem Kindertransport nach England, wo er an seinem 15. Geburtstag im Hafen von Harwich ankam. Die erste Nacht schlief er in einem Obdachlosenasyl in London: „Zerlumpte Männer mit zottigen Bärten, zottigem Haar, die mich argwöhnisch musterten, als ich meine Koffer auf die Pritsche hievte." Sein Stiefonkel holte ihn erst am nächsten Tag ab. Anschließend lebte Walter Kaufmann mit zahlreichen jüdischen Emigrantenkindern in einem Internat in Kent (Favesham).

Im Mai 1940 wurde er als „feindlicher Ausländer" interniert und mit einem Schiff nach Australien verfrachtet: „Unter Deck eingefercht wie die Heringe. Die Luken waren zu, wir hatten kaum Tageslicht." Nach fast einem Jahr Internierung schlug sich Walter Kaufmann in Australien als Pfirsichpflücker, Soldat, Hafenarbeiter und Seemann durchs Leben. 1943 erhielt er die letzte Rotkreuznachricht seiner Eltern: „Wir reisen heute nach Theresienstadt und senden Dir innige Abschiedsgrüße und Küsse. Wir hoffen auf ein Wiedersehen." Ein Wiedersehen gab es nicht. Seine Eltern wurden im Juni 1943 nach Theresienstadt deportiert und in Auschwitz ermordet.

Abb. 77 Walter Kaufmann mit seinen Eltern, Egmond aan Zee, 1937

Nach dem Krieg begann Walter Kaufmann mit seiner schriftstellerischen Tätigkeit und veröffentlichte über 30 Bücher (Romane, Kurzgeschichten und Reisereportagen). In einigen Werken erzählt er von seiner Jugend in Duisburg und seinem abenteuerlichen Leben im Exil. 1955 kam Kaufmann erstmals wieder nach Duisburg, um sein Elternhaus aufzusuchen; dessen neue Besitzer begegneten ihm aber mit Ablehnung. 1957 zog er mit seiner Frau nach Ost-Berlin. Er wollte in einem sozialistischen Deutschland leben, blieb aber australischer Staatsbürger. Duisburg besuchte Kaufmann erst Ende der 1970er Jahre wieder; seitdem kommt er häufiger und trotz der negativen Erfahrungen inzwischen auch gern in seine Vaterstadt. *(RH)*

VERGANGENHEITSBEWÄLTIGUNG

Abb. 78 Das Jüdische Gemeindezentrum am Duisburger Innenhafen

Abb. 79 (rechte Seite) Im Mittelpunkt der „7. Duisburger Akzente" stand die Beschäftigung mit dem Nationalsozialismus.

Die Verfolgung der Duisburger Juden wird zwar schon in der ersten Stadtgeschichte der Nachkriegszeit von Walter Ring (1949) behandelt, eine gründliche Auseinandersetzung mit ihr erfolgte jedoch erst Jahrzehnte später. Mitte der 1960er Jahre thematisierte die Christlich-Jüdische Arbeitsgemeinschaft Niederrhein (heute: Gesellschaft für Christlich-Jüdische Zusammenarbeit) den Holocaust öffentlich. Diese interkonfessionelle Vereinigung organisierte seit 1965 jährlich stattfindende Gedenkstunden zum Jahrestag des Novemberpogroms. Mit viel Engagement setzte sie sich für das Mahnmal am Rabbiner-Neumark-Weg ein. Seit Anfang der

7. DUISBURGER AKZENTE 2.–22.5.1983
DAS
ERBE
1933/1983 – FÜNFZIG JAHRE DANACH
Theatertreffen, Ausstellungen, Filmwochen, Amateurtheater, Lesungen, Vorträge und Podiums-diskussion
Stadt Duisburg, Dezernat für Bildung und Kultur, in Zusammenarbeit mit der Universität Duisburg und dem Sekretariat für gemeinsame Kulturarbeit NW, Wuppertal

Abb. 80 Mauer des jüdischen Friedhofs in Ruhrort, 1988 unter Denkmalschutz gestellt

Abb. 81 Das erste Holocaust-Mahnmal in Duisburg am Rabbiner-Neumark-Weg, geplant seit 1968, enthüllt 1974

1980er Jahre lud der Verein gemeinsam mit der Stadt Duisburg ehemalige Duisburger Juden und Jüdinnen für eine Woche in ihre alte Heimatstadt ein.
In den 1980er Jahren erreichte die Auseinandersetzung mit der NS-Vergangenheit ein neues Niveau: Das Stadtarchiv zeigte die Ausstellung „Duisburg im Nationalsozialismus" und das Kulturfestival Duisburger Akzente beschäftigte sich 1983 mit dem „Erbe" von 1933. Drei Jahre später erschien eine umfangreiche Studie zur Geschichte der Duisburger Juden. Weitere Erinnerungssorte, wie die Gedenkkapelle an der Junkernstraße, das Mahnmal für Anne Frank und die Gedenktafel am Ort der zerstörten Synagoge in Hamborn, wurden geschaffen.

Neben der Gesellschaft für Christlich-Jüdische Zusammenarbeit waren es die Kirchen, Organisationen wie die VVN (Vereinigung der Verfolgten des Naziregimes), die Gewerkschaften und engagierte Einzelpersonen, die die Auseinandersetzung mit den NS-Verbrechen vorantrieben und die Erinnerungsarbeit leisteten. Zuletzt entstand 2012 auf Initiative des Duisburger Jugendrings ein Mahnmal, das an 130 jüdische Kinder erinnern soll, die Opfer der nationalsozialistischen Vernichtungspolitik wurden. *(RH)*

AUSBLICK

Sichtbarkeit jüdischen Lebens nach 1945

Jüdisches Leben gehörte vor 1933 mit seinen vielfältigen kulturellen, wirtschaftlichen und religiösen Seiten zur Selbstverständlichkeit im Duisburger Alltagsgeschehen. In der NS-Zeit wurde diese Vielfalt bis 1943 in all ihren Facetten

Abb. 82 Feierliche Eröffnung des jüdischen Kindergartens, 2009

gänzlich zerstört. Der Neubeginn mit dem Wiederaufbau einer Gemeinde war für die wenigen Überlebenden schwierig. Er kostete viel Energie und benötigte viel Engagement der Gemeindemitglieder.

Nach dem Krieg zählte man in Duisburg 42 jüdische Einwohner; nur wenige von ihnen waren auch früher in Duisburg ansässig gewesen. Seit 1946 gab es in Duisburg wieder eine Gemeindeanschrift. Wegen der geringen Mitgliederzahlen schlossen sich 1955 die Gemeinden in Duisburg und in Mülheim zusammen. Im April 1960 wurde eine neue Synagoge für die rund 100 Mitglieder in Mülheim eingeweiht. Es handelte sich hierbei um das ehemalige Wohnhaus des Gemeindevorsitzenden Salomon Lifsches, der das Haus der Gemeinde übereignet hatte. 1968 schloss sich die jüdische Kultusgemeinde Oberhausen der Doppelgemeinde Mülheim-Duisburg an. Mit der 1999 errichteten Synagoge am Duisburger Innenhafen erhielt die Stadt – gut 60 Jahre nach dem Novemberpogrom – wieder ein eigenes Gemeindezentrum. Bis Ende der 1980er Jahre bestand die Jüdische Ge-

Abb. 83 Jüdische Sportjugend im Makkabi Duisburg Mülheim/Ruhr-Oberhausen

meinde Duisburg-Mülheim-Oberhausen aus 80 Personen; seitdem wächst sie insbesondere durch Emigranten aus der ehemaligen Sowjetunion. Aktuell hat sie rund 2.800 Mitglieder.

Die jüdische Kultur hat in Duisburg wieder eine Heimat gefunden. Auch wenn das religiöse jüdische Leben nicht immer in der Öffentlichkeit sichtbar erscheint, findet heute wieder ein vielfältiges jüdisches Kulturleben in Duisburg und den Nachbargemeinden statt. Darüber hinaus ist die christlich-jüdische Zusammenarbeit in Duisburg seit vielen Jahren ein Erfolgskonzept. *(RH, AL)*

CHRONOLOGIE DER NS-GESCHICHTE IN DUISBURG

Abb. 84 Arbeitslose vor dem Arbeitsamt am Burgplatz, 1928

Weltwirtschaftskrise (1930 – 1933)

Die Duisburger Wirtschaft, allen voran der Steinkohlenbergbau und die Eisenindustrie, hatte sich Mitte der 1920er Jahre von dem konjunkturellen Tief der unmittelbaren Nachkriegszeit einigermaßen erholt. Der wirtschaftliche Aufschwung allerdings wurde zu großen Teilen durch die Aufnahme von Krediten, vor allem in den Vereinigten Staaten, finanziert.

Mit der Ende 1929 beginnenden Krise des amerikanischen Finanzsystems verliert die deutsche Wirtschaft binnen kurzer Zeit ihren wichtigsten Geldgeber. Die 1930 einsetzenden Folgen sind auch in Duisburg Betriebsschließungen und Massenarbeitslosigkeit. Allein die Schließung der Hütte Ruhrort-Meiderich führt zum Verlust von 8.600 Arbeitsplätzen. Die Arbeitslosigkeit liegt 1930 in Duisburg bei 34 v. H.; etwa jeder siebte Einwohner der Stadt ist auf Arbeitslosen- oder Krisenunterstützung angewiesen. Duisburg liegt mit diesen Zahlen auch unter den Ruhrgebietsstädten an der Spitze.

Abb. 85 Lehrlingswerkstatt der Hütte Ruhrort-Meiderich, 1920er Jahre

Die materielle Not der Bevölkerung begünstigt um 1930 den Aufstieg der Nationalsozialisten. Zwischen 1929 und 1933 kann die NSDAP ihren Stimmenanteil bei den Wahlen zur Stadtverordnetenversammlung von knapp vier auf 37 v. H. erhöhen. Parallel zum Aufstieg der NSDAP verschärft sich auch der Antisemitismus in der Stadt; unter anderem sieht sich der Mittelstand durch die großen jüdischen Kaufhäuser in seiner Existenz bedroht.

Öffentliche Auseinandersetzungen zwischen Nationalsozialisten und Kommunisten (um 1930)

Infolge der Wirtschaftskrise erstarken die radikalen Parteien im rechten wie im linken Lager. Der politische Konflikt zwischen Nationalsozialisten auf der einen und den Kommunisten und dem sozialdemokratischen „Reichsbanner Schwarz-Rot-Gold" auf der anderen Seite wird im öffentlichen Raum ausgetragen. In Versammlungen, teilweise unter Beteiligung prominenter Redner wie Robert Ley, Joseph Goebbels oder Gregor Strasser, versucht die NSDAP gezielt, die Duisburger Arbeiterschaft anzusprechen. Sie gibt sich dazu bewusst antikapitalistisch.

Vor allem ab 1931 verschärfen sich die Auseinandersetzungen; im Anschluss an die Versammlungen nehmen sie oftmals den Charakter von bewaffneten Straßenkämpfen an. Betroffen sind in Duisburg vor allem die Arbeiterviertel im Stadtbezirk Mitte (wie Hochfeld und Wanheimerort) und nördlich der Ruhr.

Abb. 86 Zerstörtes Mobiliar in der Tonhalle nach einer Wahlveranstaltung, 1931

„Machtübernahme" (Frühjahr 1933)

Am 30. Januar 1933 ernennt Reichspräsident von Hindenburg Hitler zum Reichskanzler. Im Reichstag verfügen die Nationalsozialisten über keine eigene parlamentarische Mehrheit; sie sind auf Unterstützung der konservativen DNVP angewiesen. Auch in den Ländern und Gemeinden vollzieht sich die „Machtübernahme" erst schrittweise bis zum Frühjahr 1933.
In Duisburg wird die NSDAP bei den Kommunalwahlen am 12. März 1933 zwar stärkste Partei (36,6 v. H.), doch das Zentrum bekommt noch über 23, die KPD 14,5 und die SPD immerhin noch gut 11 v. H. der Stimmen. Die Machtüber-

Abb. 87 Abmarsch der NS-Stadtverordneten nach der ersten Sitzung am 31. März 1933

nahme im Duisburger Rathaus gelingt nur, weil den KPD-Stadtverordneten die Ausübung ihrer Mandate verboten wird. Gleichzeitig verbündet sich die konservative Kampffront Schwarz-Weiß-Rot mit der NSDAP.

Um ihre Macht vor Ort zu festigen, versuchen die Nationalsozialisten zum einen, die Bevölkerung durch pompöse Inszenierungen der „Volksgemeinschaft" für sich zu gewinnen. Zum anderen bauen sie ein Terrorsystem zur Verfolgung politischer und weltanschaulicher Gegner auf, dessen Instrumente die SA und die neu geschaffene Geheime Staatspolizei (Gestapo) sind.

Abb. 88 SA-Aufmarsch vor dem Stadttheater 21. März 1933

Abb. 89 „Tag der nationalen Arbeit", Wedaustadion, 1. Mai 1933

Tag der Arbeit (1. Mai 1933)

Den Tag der Arbeit am 1. Mai 1933 inszenieren die Nationalsozialisten in Duisburg wie überall in Deutschland als Festtag der neuen „Volksgemeinschaft". Parallel zur propagandistischen Inszenierung der „nationalen Arbeit" setzt am 2. Mai die organisierte Gleichschaltung der Gewerkschaften ein. Im Auftrag der Nationalsozialistischen Betriebszellenorganisation (NSBO) besetzen SA- und SS-Leute auch in Duisburg die Büros der freien Gewerkschaften. Die Gewerkschaftsführer werden verhaftet. Im Haus des Deutschen Metallarbeiter-Verbandes an der Ruhrorter Straße 11 werden sie einzeln von Heinz Multhaupt, dem NSBO-Kreisleiter, unter Anwendung massiver Gewalt verhört. Vier Gewerkschaftssekretäre überleben die Folter im Keller der Ruhrorter Straße nicht: Julius Birck, Emil Rentmeister, Michael Rodenstock und Johann Schlösser. Sie werden im Keller von SA-Leuten totgeprügelt. Ihre Leichen werden im Staatsforst bei Dinslaken verscharrt und erst ein Jahr später zufällig entdeckt.

Entlassung von Oberbürgermeister Karl Jarres (6. Mai 1933)

Duisburgs rechtsliberaler Oberbürgermeister Karl Jarres, seit 1914 (mit einer Unterbrechung von 1923 – 1925) im Amt, versucht zunächst, mit den Nationalsozialisten zusammenzuarbeiten; er glaubt, Berührungspunkte mit ihnen zu erkennen. Die terroristische Radikalität der Nationalsozialisten lehnt er allerdings von Anfang an entschieden ab.

Jarres, der sich vor allem durch seine Haltung im „Ruhrkampf" 1923 Respekt und Anerkennung erworben hat, besitzt in der Bevölkerung großen Rückhalt. 1923 bis 1924 war er Reichsinnenminister, 1925 kandidierte er für das Amt des Reichspräsidenten. Während der Weltwirtschaftskrise setzte Jarres in Duisburg wichtige sozial- und wirtschaftspolitische Akzente und entwickelte Konzepte für die kommunale Neugliederung der Stadt.

Jarres' Popularität lässt die Nationalsozialisten bei der Entscheidung zu seiner Absetzung zögern. Am 6. Mai wird er mit allen Ehren und anerkennenden Worten auch von Ver-

Abb. 90 Amtseinführung von Oberbürgermeister Ernst Kelter, 16. Mai 1933

tretern der NSDAP in den Ruhestand entlassen. Seine Nachfolge tritt am 16. Mai der Nationalsozialist Ernst Kelter an. Ihm folgt bereits Ende 1934 Just Dillgardt, der 1937 von dem bis zum lokalen Kriegsende amtierenden Hermann Freytag abgelöst wird.

Reichsautobahnbau als nationale „Arbeitsschlacht" – Beginn der Bauarbeiten an der Reichsautobahn (21. März 1934)

Abb. 91 Spatenstich zum Bau der „Reichsautobahn"

Im Frühjahr 1934 beginnen die Arbeiten an der Reichsautobahn im Abschnitt zwischen Düsseldorf und Oberhausen. Der erste Spatenstich in Duisburg erfolgt am 21. März 1934 mit einer aufwendigen propagandistischen Inszenierung. „Das schwierige Werk der echten Arbeitsbeschaffung", so Gauleiter Terboven aus Essen, könne „nur dann gelingen [...], wenn alle dem Führer in unverbrüchlicher Treue" folgten.

Die Streckenführung der Autobahn war bereits Anfang der 1930er Jahre zwischen Duisburg, Mülheim und Oberhausen abgestimmt worden. Der Autobahnabschnitt wird im

Dezember 1936 – wiederum mit großer Öffentlichkeit im Beisein der Spitzen von Stadt und Partei – eröffnet.

Die nationalsozialistische Propaganda stellt stets den konjunktur- und arbeitsmarktpolitischen Effekt des Autobahnbaus heraus. Doch bleibt die Zahl der Beschäftigten weit hinter den ursprünglichen Erwartungen und Verlautbarungen zurück. Auch für den konjunkturellen Aufschwung hätte es der großen Baumaßnahmen kaum bedurft. Tatsächlich ist die Wirtschaftskrise zur Zeit des Baubeginns bereits weitgehend überwunden.

Die Gestapo zerschlägt die Widerstandsorganisation um die Brotfabrik „Germania" (Mai 1935)

Die von dem Sozialdemokraten August Kordahs geleitete Brotfabrik „Germania" in Hamborn ist seit 1934 Zentrum einer Widerstandsorganisation, die Verbindungen zu anderen sozialdemokratischen Widerstandsorganisationen wie der Internationalen Transportarbeiter-Föderation (ITF) unterhält. Bei den Brotlieferungen am Niederrhein und im westlichen Ruhrgebiet verbreiten die Fahrer der Fabrik versteckte Nach-

Abb. 92 Das Duisburger Polizeipräsidium, Sitz der Gestapo

richtenblätter der Exil-SPD und anderes Material. Die Gestapo verhaftet die Mitglieder der Organisation; vier von ihnen werden in der Untersuchungshaft ermordet.

Nürnberger Gesetze (15. September 1935)

Der anlässlich des Reichsparteitages der NSDAP nach Nürnberg einberufene Reichstag verabschiedet im September 1935 die sogenannten Nürnberger Gesetze (das „Gesetz zum Schutze des deutschen Blutes und der deutschen Ehre" und das „Reichsbürgergesetz"). Die Gesetze geben der antisemitischen Ideologie des Nationalsozialismus eine juristische Grundlage.

Abb. 93 Aufruf in der National-Zeitung vom 22. September 1935

„Arisierung" jüdischer Geschäfte (1936)

Nachdem die Duisburger Kreisleitung der NSDAP im November 1935 ein Verzeichnis aller in Duisburg existierenden Unternehmen im Eigentum von jüdischen Einwohnern erstellt hat, nimmt die Zahl der „Arisierungen" von „jüdischen" Handelsgeschäften, Industrie- und Handwerksbetrieben zu. Die Unternehmen gehen in der Regel durch Verkauf (vielfach, aber nicht immer, unter Wert) in die Hände „arischer" Geschäftsleute über. In der Altstadt von Duisburg betrifft das zum Beispiel die Konfektionshäuser Cohen & Ep-

Abb. 94 Anzeige in der National-Zeitung vom 10. Mai 1936

stein (1935 von Franz Fahning erworben) und Gebr. Alsberg (erworben von Helmut Horten), in Alt-Hamborn die Konfektionshäuser Berger & Co. (fortan Braun & Co.) und Klein (fortan Potthoff & Scholl). Während der olympischen Sommerspiele (1. – 16. August 1936) wird die antisemitische Propaganda wegen der Anwesenheit vieler ausländischer Journalisten in Deutschland vorübergehend eingeschränkt.

Reichspogromnacht (9./10. November 1938)

Nachdem bereits viele Verbote und einschränkende Verordnungen für jüdische Einwohner erlassen worden waren, kommt es in der sogenannten Reichspogromnacht zu Ermordungen und Misshandlungen von Juden und zur Plün-

Abb. 95 Ausgebrannte Synagoge in Ruhrort, Landwehrstraße 21

derung und Zerstörung „jüdischer" Einzelhandelsgeschäfte, überwiegend durch SA-Leute. In Duisburg brennen SA-Leute die Synagogen in der Altstadt, in Hamborn und in Ruhrort nieder. Am 15. November werden Juden vom Besuch öffentlicher Schulen ausgeschlossen. Am 3. Dezember ergeht eine staatliche Verordnung über die Zwangsveräußerung der verbliebenen „jüdischen" Betriebe und Geschäfte. Seit August 1939 müssen die Duisburger Juden in sogenannte Judenhäuser umziehen.

Beginn des Zweiten Weltkriegs (1. September 1939)

Nach der Eroberung des westlichen Polens, der Niederlande, Belgiens, Luxemburgs, Frankreichs, Dänemarks und Norwegens durch deutsche Truppen beginnt die Verfolgung der dortigen jüdischen Bevölkerung. Insbesondere in den Niederlanden hatten seit 1933 viele Juden aus Westdeutschland Zuflucht gefunden. Im Juni 1941 greift Deutschland die Sowjetunion an; Weißrussland, die Ukraine und das Baltikum – Gebiete mit hohem jüdischen Bevölkerungsanteil – geraten für einige Jahre unter deutsche Kontrolle.

Abb. 96 Rückkehr eines Truppenteils aus Duisburg vom Polen-Feldzug, Oktober 1939

Abb. 97 (unten) Mit der Deportation von Rabbiner Neumark am 25. Juli 1942 erlischt die jüdische Gemeinde Duisburg.

Beginn der Judendeportationen (Herbst 1941)

Ab dem 1. September 1941 müssen Juden den gelben „Judenstern“ auf der Kleidung tragen. Im Oktober beginnt die Deportation der westdeutschen Juden in Konzentrationslager und Ghettos. Am 8. Oktober 1941 wird das Vernichtungslager Auschwitz-Birkenau eröffnet. Am 20. Januar 1942 planen Vertreter der Reichsregierung, der SS und der NSDAP auf der sogenannten

Wannseekonferenz in Berlin die systematische Ermordung aller im deutschen Machtbereich lebenden Juden („Endlösung der Judenfrage"). Massenerschießungen hatten allerdings schon 1941 stattgefunden. Am 21. Oktober 1942 stirbt der Duisburger Rabbiner Manass Neumark im Konzentrationslager Theresienstadt.

Kapitulation der 6. deutschen Armee in Stalingrad (2. Februar 1943)

Die Kapitulation der 6. deutschen Armee in Stalingrad bedeutet die Wende des Krieges im Osten. Der am 18. Februar von Reichspropagandaminister Joseph Goebbels ausgerufene „Totale Krieg" soll unter voller Ausnutzung sämtlicher wirtschaftlicher und gesellschaftlicher Ressourcen geführt werden. Er bedingt auch eine Ausweitung des Systems der Zwangsarbeit, das sich seit 1940 entwickelt hat. In Duisburg werden seit 1942 u. a. Häftlinge eines Außenlagers des Konzentrationslagers Buchenwald bei Aufräumarbeiten nach Luftangriffen eingesetzt. Das Außenlager befindet sich zuerst in Meiderich (Ratingsee), dann in der ehemaligen

Abb. 98 Häftlinge des KZ-Außenlagers beim Schutträumen vor dem ehemaligen Kaufhaus Cohen & Epstein in der Beekstraße

Abb. 99 Zerstörte Innenstadt, 1943

Diakonenanstalt in der Altstadt. Jüdische Einwohner, die, z. T. wegen „arischer" Ehepartner, der Deportation entgangen sind, müssen ebenfalls Zwangsarbeit leisten. Zugleich verstärken sich die Angriffe der britischen und amerikanischen Luftwaffen auf die deutschen Städte.

Landung alliierter Truppen in der Normandie (6. Juni 1944)

Bis September befreien die alliierten Truppen den größten Teil Frankreichs und drängen die deutschen Truppen bis Oktober auf die westliche Reichsgrenze zurück. Zugleich werden

Abb. 100 Luftschutzraum für fünf Familien im Bunker Kulturstraße 23 – 25

Ost- und Südosteuropa nach und nach von der sowjetischen Armee erobert. Bevor die Wehrmacht die besetzten Länder räumt, wird die dort ansässige jüdische Bevölkerung in die Vernichtungslager oder zum „Arbeitseinsatz" in der Industrie ins Reichsgebiet deportiert. In der Nacht vom 14. auf den 15. Oktober 1944 erfolgt in drei Wellen der schwerste von mehr als 300 Luftangriffen der Briten und Amerikaner auf Duisburg (mindestens 2.876 Tote).

Besetzung Duisburgs durch amerikanische Truppen (März/April 1945)

Abb. 101 US-Flagge über dem Hotel Duisburger Hof, dem Sitz der lokalen Militärregierung

Am 5. März 1945 besetzen US-amerikanische Truppen Rheinhausen, Homberg und Baerl. Vom 25. bis zum 29. März nimmt die US-Armee von Norden her das heutige rechtsrheinische Stadtgebiet nördlich der Ruhr ein. Am

12. April besetzen die Amerikaner kampflos das Stadtgebiet südlich der Ruhr. Vier Tage später ernennt der amerikanische Stadtkommandant den politisch unbelasteten Juristen und früheren Duisburger Beigeordneten Dr. Heinrich Weitz (bis 1933 Zentrumspartei) zum Oberbürgermeister. Am 8. Mai kapituliert Deutschland bedingungslos. *(MK, AP)*

Abb. 102 Kapitulationsurkunde von Duisburg, 12. April 1945

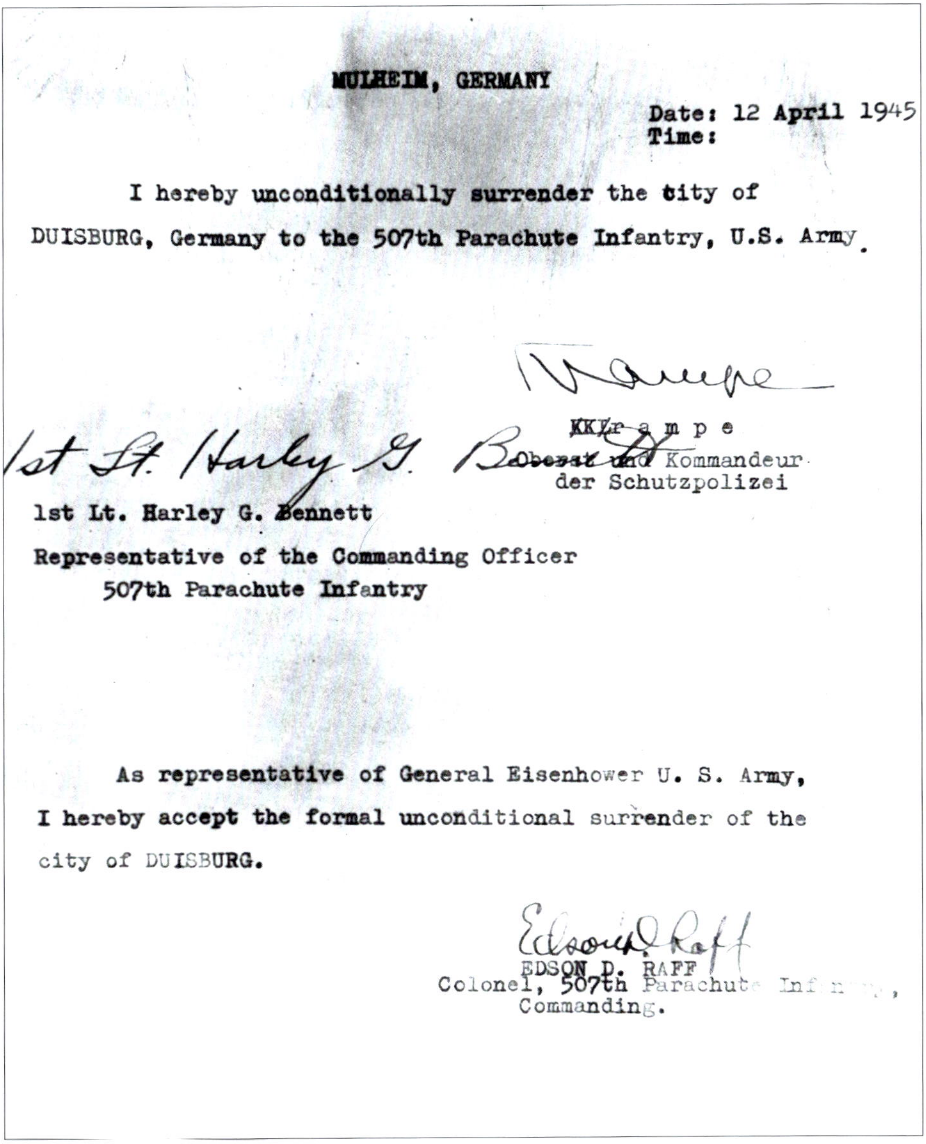

MULHEIM, GERMANY

Date: 12 April 1945
Time:

I hereby unconditionally surrender the city of DUISBURG, Germany to the 507th Parachute Infantry, U.S. Army.

Krampe
Oberst und Kommandeur
der Schutzpolizei

1st Lt. Harley G. Bennett
Representative of the Commanding Officer
507th Parachute Infantry

As representative of General Eisenhower U. S. Army, I hereby accept the formal unconditional surrender of the city of DUISBURG.

EDSON D. RAFF
Colonel, 507th Parachute Infantry,
Commanding.

ABBILDUNGSNACHWEIS

AKG-Images, Bildarchiv Pisarek: 14

Bildagentur BPK: 75, 102

H. Boveland, Duisburg: 12

Bundesarchiv Koblenz: 73

Creative Commons, User:Wjh31: 74

Deutsche Nationalbibliothek: 67

Hamborner Verlag („Das Rezept", S. 27): 31

L. J. Heid, Duisburg: 15, 25, 36, 49

K. Herzstein, Toronto, Kanada: 28

Jüdische Gemeinde Duisburg-Mülheim/Ruhr-Oberhausen: 83

O. Jülich, Columbus/Ohio, USA: 38, 39

W. Kaufmann, Berlin: 76, 77

Kultur- und Stadthistorisches Museum Duisburg: 46, 47, 101

M. Manojlovic, Tal Gelfer, Jerusalem, Israel: 69, 70, 71

Mismahl / Diepenbrock, Duisburg: 43, 95

A. Probst, Duisburg: 52, 80

Ruhr Museum Essen: 98

Salomon-Steinheim-Institut Essen, Gidal-Bildarchiv: 11, 18, 72; Epigraphik: 27, 41

Stadt Duisburg, Foto U. Köppen: 78, 82

Stadtarchiv Düsseldorf: 53 (Foto Julius Söhn), 54 (Foto Josef Henne)

Stadtarchiv Duisburg: 1, 2, 4, 5, 6, 7, 9, 10, 13, 16, 17, 19, 20, 21, 23, 24, 26, 29, 30, 33, 34, 37 (Dauerleihgabe L. J. Heid), 40, 42, 44, 45, 48, 50, 51, 55, 56, 57, 58, 68, 79, 81, 84, 85, 86, 88, 89, 90, 91, 92, 93, 94, 96, 97, 99, 100, Foto Hermann Hill: 3, 22, 87

J. Weißmann, Heimatverein Hamborn: 8, 32

Yad Vashem – The Holocaust Martyrs' and Heroes' Remembrance Authority: 35, 59–64

Zentrum für Erinnerungskultur Duisburg: 65, 66

AUSWAHLLITERATUR

Barbian, Jan-Pieter/Kraume, Hans Georg/Praetorius Sigurd (Hrsg.): Nationalsozialismus in Duisburg. Essen 2009

Barbian, Jan-Pieter/Brocke, Michael/Heid, Ludger J.: Juden im Ruhrgebiet. Essen 1999

Brocke, Michael (Hrsg.): Feuer an Dein Heiligtum gelegt: Zerstörte Synagogen 1938 in Nordrhein-Westfalen. Bochum 1999

Evangelischer Kirchenkreis/Evangelisches Bildungswerk (Hrsg.): Stolpersteine in Duisburg. Band I, 2005; Band II, 2009 (Online-Publikation)

Genger, Angela/Jakobs, Hildegard (Hrsg.): Düsseldorf|Getto Litzmannstadt. 1941. Essen 2010

Heid, Ludger J., Ostjuden – Bürger, Kleinbürger, Proletarier. Geschichte einer jüdischen Minderheit im Ruhrgebiet. Essen 2011

Heun, Robin: Der Novemberpogrom in Duisburg. Hrsg. vom Duisburger Institut für Sprach- u. Sozialforschung, 2011 (Online-Publikation: http://www.diss-duisburg.de)

Klümper, Cordula: Duisburger Juden gestern und heute. Hrsg. von der Gesellschaft für Christlich-Jüdische Zusammenarbeit Duisburg-Mülheim-Oberhausen e.V. und dem Salomon-Ludwig-Steinheim-Institut. Duisburg 2009

Kraume, Hans Georg: Die Zeit des Nationalsozialismus. In: Heid, Ludger et al., Kleine Geschichte der Stadt Duisburg. 4. Auflage. Duisburg 1996, S. 309–354

Susanne Mauss: „Nicht zugelassen". Die jüdischen Rechtsanwälte im Oberlandesgerichtsbezirk Düsseldorf 1933–1945. Essen 2013

Meyer, Hans Joachim: Das Rezept. Auf jüdischen Spuren in Holten, Hamborn, Duisburg. Duisburg 2009

Pracht-Jörns, Elfi: Jüdisches Kulturerbe in Nordrhein-Westfalen, Regierungsbezirk Düsseldorf. Köln 2000

Roden, Günter von/Vogedes, Rita: Geschichte der Duisburger Juden. Duisburger Forschungen Band 34, Teil 1 und 2. Duisburg 1986

Struß, Dirk: Die Problematik der Täterverfolgung am Beispiel des Duisburger Auschwitz-Prozesses von 1991–1993. In: Zwischen Gestern und Morgen. Kriegsende und Wiederaufbau im Ruhrgebiet. Hrsg. von Jan-Pieter Barbian/Ludger Heid, Essen 1995, S. 86–91

Tappe, Rudolf/Tietz, Manfred (Hrsg.): Tatort Duisburg 1933–1945. Widerstand und Verfolgung im Nationalsozialismus. Bd. II. Essen 1993

Vogedes, Rita: Juden in Duisburger Stadtteilen. In: Duisburger Forschungen Band 56. Duisburg 2009, S. 131–161

Walter, Kurt: Jüdisches Leben in Ruhrort. Duisburg 2011